윈드 서핑의 이해

박병국 · 윤해광 지음

UUP

윈드서핑의 이해

2006년 12월 17일 초판 인쇄
2006년 12월 23일 초판 발행

지은이 | 박병국·윤해광 지음
발행인 | 정정길
발행처 | UUP(울산대학교출판부)

출판등록 | 제 370-1996-000001호(1996.3.13)
주소 | 680-749 울산광역시 남구 무거 2동 산29번지
전화 | (052) 259-2488
팩스 | (052) 277-3011
편집·표지 디자인 | 지미정·김수연

값 8,000원

ISBN 978-89-7868-146-9

CONTENTS

머리말

윈드서핑의 세계에 오신 것을 환영합니다.

급속한 경제성장과 주 5일제 시행으로 많은 이들이 자신의 여가시간을 활용하기 위하여 레저 스포츠를 찾고 있습니다.

이 책은 여러분을 해양스포츠의 꽃 윈드서핑의 세계로 안내 할 것입니다.

'윈드서핑의 이해'는 초보자부터 상급자 모두를 위한 책입니다. 이 책은 많은 사진과 자세한 설명으로 기본 기술을 배울 수 있도록 구성하였습니다.

윈드서핑은 물과 바람만 있으면 어디서든 즐길 수 있는 레저스포츠입니다.

또한 윈드서핑 장비의 발달로 인하여 어린이와 여성에게도 쉽게 접근이 가능한 그야말로 누구나가 즐길 수 있는 해양 레저·스포츠인 것입니다.

각 지역의 많은 대학들이 윈드서핑을 정식 과목으로 채택을 하고 있고, 생활체육으로 자리매김하고 있습니다.

이 책은 시각적 효과를 살린 많은 사진과 쉬운 설명으로 여러분들에게 보다 효과적인 윈드서핑으로의 접근과 많은 이들에게 유익한 교재가 되리라 생각합니다.

윈드서핑이란?

윈드서핑은 자연과 더불어 하는 무동력 3대 스포츠의 하나이다. 육상의 자전거와 하늘의 행글라이더, 마지막으로 바다의 윈드서핑은 지구상에서 가장 뛰어난 과학스포츠이다. 더불어 윈드서핑은 바람을 동력으로 사용하는 가장 간단하고 단순한 스포츠이기도하다.

1. 윈드서핑의 역사

윈드서핑(Wind Surfing)은 1967년 미국 캘리포니아에서 시작되었다.

파도타기와 요트를 즐기던 호일 슈바이처(Hoyle Schweitzer)와 짐 드레이크(Jim Drake)의 만남으로 시작된다. 컴퓨터 소프트웨어 회사의 부사장이던 호일 슈바이처(Hoyle Schweitzer)는 "단순한 파도의 힘이 아닌 바람의 힘을 빌어서 달린다면 얼마나 편리할까?"라는 생각을 하고 있었다. 한편, 짐 드레이크(Jim Drake)는 "요트는 세일링을 위한 준비시간과 세일링 후의 마무리 시간이 너무 많이 걸린다. 서핑(Surfing)과 같이 세팅할 필요가 없이 간단하다면 얼마나 좋을까?"라는 생각을 하고 있었다. 이런 두 사람의 대화 속에서 인간은 거대한 바다를 자유롭게 즐기는 수단을 가지게 되었다.

호일 슈바이처는 처음부터 보드위에 사람이 서서 조종하는 것을 구상하고 있었다. 가장 큰 문제는 키를 어떻게 붙여서 사용하느냐 하는 것 이였다. 요트의 원리를 잘 알고 있는 짐 트레이크는 키가 없어도 방향전환이 어느 정도 가능하다는 사실에 착안하여 돛대(세일)를 움직여 보드를 조종 할 수 있는 방법을 구상하게 되었다.

그들 두 사람은 요트에 달려 있는 고정식 마스트(Mast:돛대)의 상식을 깨고 360도로 회전을 하는 유니버셜 조인트(Universal Joint)를 만들어내었다.

여기에 활모양의 붐(Boom)으로 세일을 움직여 범주가 가능하게 되었던 것이다. 세일(Sail)이 받은 바람의 힘을 몸으로 조종하여 보드(Board)로 달리기 때문에 '보드 세일링(Board Sailing)'이라 불리기도 했던 윈드서핑은 짧은 기간에 급속히 발전되어 오늘날 세계 젊은이들의 각광 받는 스포츠로 자리매김 하였다.

1. 윈드서핑의 국내 역사

우리나라는 70년대 중반에 처음 소개되었으며 1980년 10월 대한해협과 1982년 6월 도버해협을 고 권희범씨 단독 횡단을 계기로 일반인에게 소개되기 시작하였다. 국내에서 대중적인 발전을 가져온 것은 "88서울올림픽 윈드서핑 퍼레이드"이다. 한강에서 열린 개막 축하행사인 '강상제'에서 올림픽 출전국 모두의 국기를 세일에 붙이고 행해진 퍼레이드는 개막행사의 꽃이라 불릴 만 했다.

또한 요트제작 회사인 "코마라" 사의 헌신적인 장비 지원과 제작 활동으로 윈드서핑보드의 국산화가 이루어져 강습장비의 보급이 이루어 졌다. 이를 계기로 초보자 강습회가 7년간 서울신문사의 "스포츠서울 윈드서핑 강습회" 라는 타이틀로 개최되었다. 이후 한국보드세일링협회(현 한국윈드서핑협회)를 주축으로 강습회와 여러 시합이 생겨나고, 해양소년단 윈드서핑연맹의 발족으로 많은 어린이들에게도 알려지기 시작하였다.

이후 사단법인 대한윈드서핑협회의 발족으로 윈드서핑대중화의 촉진제 역할을 하였으며, 최근엔 생활체육으로서의 윈드서핑이 활성화되어 전국윈드서핑연합회가 각 지부협회를 두고 활동을 하고 있고, 현재 우리나라에서는 전국적으로 약 200여개의 클럽에 40,000여명 이상의 동호인이 있는 것으로 알려지고 있다. 최근엔 전국의 각 대학이 정식 교과목으로 채택함으로서 대학생들 사이에서 수업을 통한 보급도 이루어 지고 있고, 대학 동아리를 주축으로 하는 신세대의 X-Sports로 각광을 받고 있다.

2. 우리나라선수의 올림픽과 아시안게임 성적

올림픽	84 LA	88 서울	92바르셀로나	96 애틀랜타	00 시드니	04 아테네
	조진섭 (34/38)	이한림 (30/45)	서용근 (27/44)	옥덕필 (33/46) 주순안 (16/27)	옥덕필 (21/36) 주순안 (13/29)	옥덕필(27)
아시안게임	86 서울	90 베이징	94히로시마	98 방콕	02 부산	06 도하
	조진섭(4/7)	서용근 (3/8) 주순안 (3/8)	윤성수 (4/9) 주순안 (3/5)	옥덕필 (3/7) 홍아람 (3/7)	옥덕필 (금메달)	-

3. 로비 내쉬(Robby Naish)와 대중화

윈드서핑은 물과 바람만 있으면 어디서든 즐길 수 있다.

세계의 모든 윈드서퍼(Windsurfer)는 평생 하와이 마우이 섬에서의 세일링을 꿈꾸고 있다.

이곳에는 윈드서핑의 신이라 불리는 "로비 내쉬(Robby Naish)"가 있다.

80년대 처음 시작된 '윈드서핑 월드컵'에서 현란한 기술과 독보적인 실력으로 윈드서핑 대중화의 선두주자가 되었다.

단순히 타고 달리는 윈드서핑에서 파도를 이용하여 점프를 하고 높은 파도를 타고 내려오면서 웨이브 라이딩을 멋지게 구사하는 모습들이 많은 종류의 지침서와 비디오들을 통하여 소개되었다. "로비 내쉬" 그의 이름은 윈드서핑을 동경하는 세계 젊은이들의 가슴에 윈드서핑을 각인시키기에 충분했다.

4. 윈드서핑의 프로화

로비 내쉬(Robby Naish)의 현란한 기술은 프로화를 급속히 불러왔다.

프로선수들의 모임인 PBA(Profetional Boardsailer Association)가 만들어지고 (현 PWA) 기업들의 협찬으로 일년에 20여회의 프로대회가 생겨나고 많은 선수들이 직업으로서의 윈드서핑을 생각하게 되었다. 바람과 파도를 찾아서 열린 프로대회는 대중 속으로 파고드는 새로운 변신을 시도, 넓은 수영장과 같은 곳에서 열리는 실내경기가 생겨나고 많은 관중과 방송을 끌어들이게 된 것이다.

단순한 코스나 회전경기에서 프리스타일경기와 바다위의 장애물경기를 연상시키는 X-게임이 생겨났다.

이러한 움직임은 아시아에까지 영향을 미쳐 아시안 투어가 아시아 여러 나라에서 해마다 열리고 있다. 우리나라에도 매년 5월에 울산의 진하해수욕장에서 세계적인 규모의 아시안 투어대회가 열리고 있으며, 2007년부터 PWA 투어 울산대회가 계획되고 있다.

II. 윈드서핑의 구성 및 명칭

1. 보드부분과 세일부분

윈드서핑은 보드(Board)와 리그(Rig)로 크게 나뉜다.

보드는 부력이 있는 배 부분을 말한다. 리그 부는 보통 세일이라 부르며 마스트, 조인트, 붐을 세일에 결합하여 셋팅한 부분을 통틀어 말한다. 보드 부와 리그 부는 조인트 베이스(Joint Base)라는 부품으로 셋팅되어 하나의 윈드서핑이 완성된다.

1) **보드(Board)**: 보드에는 앞·뒤의 구분이 있으며, 앞부분을 바우(Bow), 뒷부분을 스턴(Stern) 이라고 부르고 있다.

2) **세일(Sail)**: 돛. 세일로 바람을 받음으로써 보드의 엔진에 해당하는 역할을 한다. 90년 초반까지 코팅된 천이 주류였으나 현재는 투명한 필름을 주로 사용하고 있다.

3) **마스트(Mast)**: 세일을 세우는 기둥으로 돛대와 같은 역할을 한다.

4) **붐(Boom)**: 세일을 조종하기 위한 손잡이로서 자동차의 핸들과 같은 역할을 한다.

5) **배튼(Batten)**: 세일 리치의 펄럭거림을 방지하며 세일의 면적을 효율성 있게 펴줌으로써 원활하게 바람을 받을 수 있도록 도와준다.

6) **스케그(Skeg)**: 핀(Fin)이라고도 부르며, 보드의 직진성을 유지시키고 대거

보드와 함께 보드가 옆으로 흐르는 것을 방지한다.

7) **대거보드(Daggerboard)**:보드가 옆으로 밀리는 것을 방지하는 부품으로 보드 속으로 내장 가능하다.

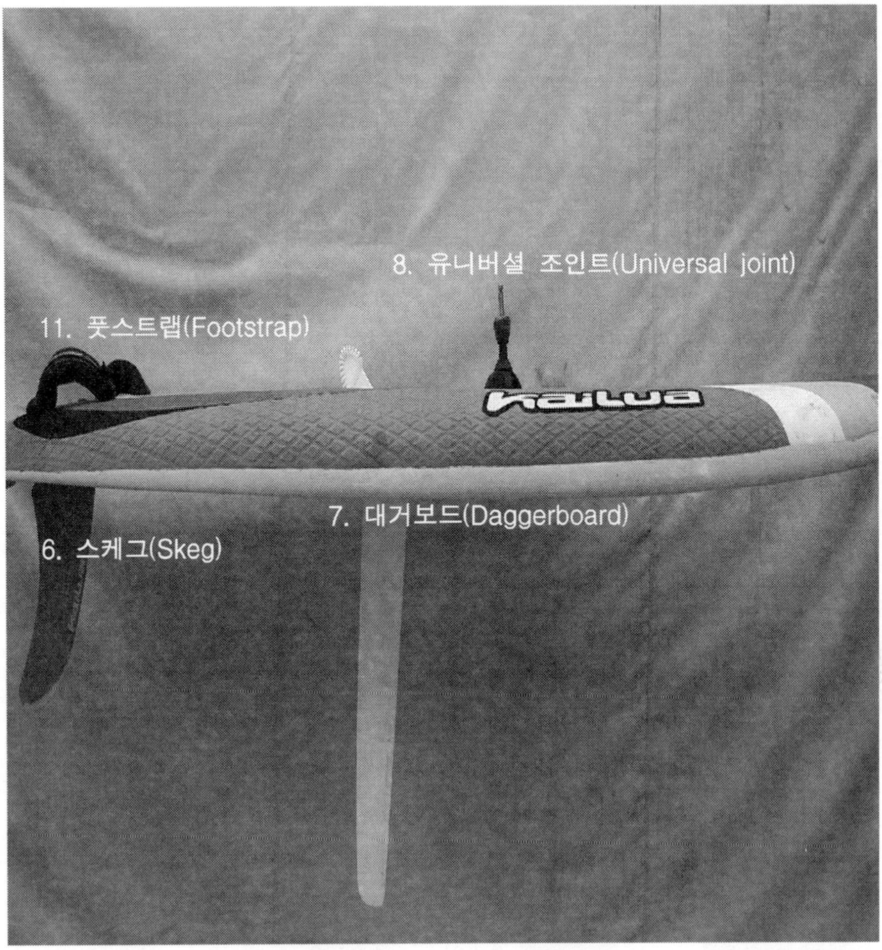

8) **유니버셜 조인트(Universal joint)**: 보드부와 세일부가 연결되어 있고 세일이 바람부는 방향에 따라 360도 회전이 가능하게 해주는 역할을 한다.

9) **업홀라인(Uphaul line)**: 세일을 세울때 들어 올리는 로프(Rope)

10) **익스텐션(Extension)**: 마스트에 끼워서 길이를 조절하는 부속품

11) **풋스트랩(Footstrap)**: 보드위에 있는 발걸이로서 바람이 강할 때 발을 지지함.

2. 보드의 종류

- 강습정 및 바람의 세기에 따른 보드의 선택

일반적으로 초보자에게 적당한 것은 길이가 300cm 정도에 폭이 100cm이상에 부력이 230리터 전후의 스쿨(School)보드가 좋다.

이전까지는 롱-보드라고 해서 360cm이상의 폭이 좁은 대거보드가 있는 보드였으나 현재는 길이가 짧고 폭이 넓은 보드로 대체되었으며, 일부 보드는 스케그를 크게 사용하여 중급자까지 세일링이 가능하도록 되어있다.

요즘의 보드는 초보자가 편하고 접근이 쉽도록 디자인되고 있다. 그러므로 초·중급자 보드의 구분이 없는 편이고, 바람의 세기에 따라 보드의 선택이 이루진다. 미풍용은 폭이 80cm 정도에 부력이 150리터 이상인 것이 주류이고, 중풍용은 65cm-75cm의 폭에 부력이 120-140리터 정도의 보드이다. 강풍용은 110리터 미만의 폭이 좁은 보드면 적당하다.

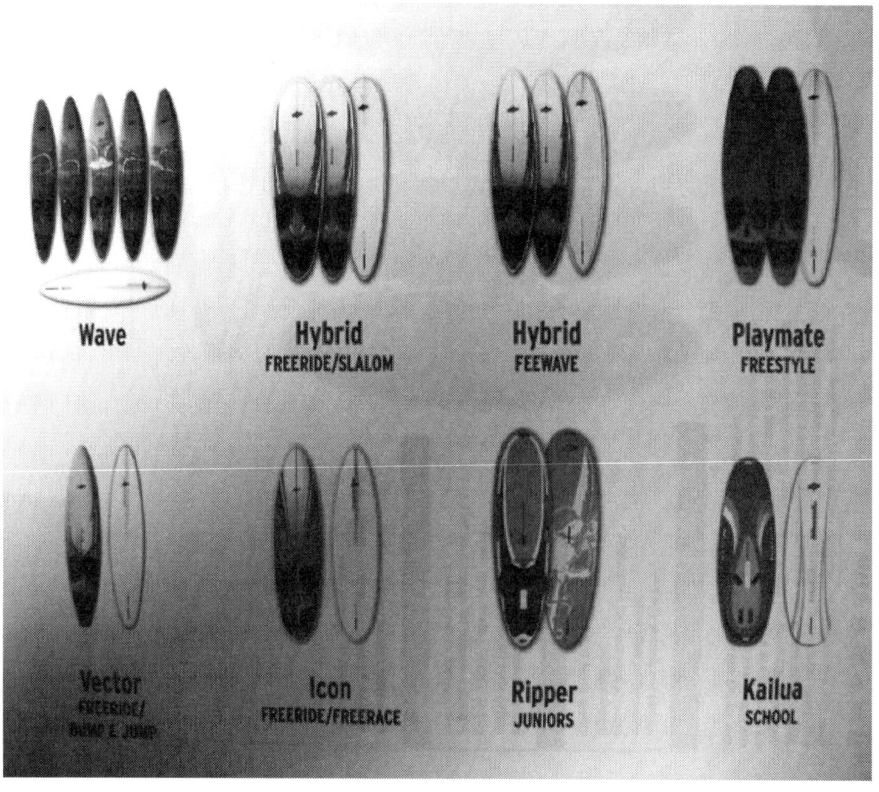

보드의 기능에 따른 구분은 먼저, 슬라럼 보드와 프리레이스, 프리라이드와 프리스타일, 점프엔 범프, 웨이브보드와 어린이들이 타는 키즈용 보드도 나와 있다.

3. 올림픽보드의 변천

Race를 목적으로 한 '코스 레이스 보드(Course Race Board)' 는 길이가 길며 속도 성능을 최대한 살린 날렵한 디자인의 보드이다

1) 윈드글라이드

1984년 LA올림픽 공인정인 윈드글라이드는 미풍에서 뛰어난 성능을 발휘하였으나 하네스를 차지 못하도록 규정되어 있어 선수들이 강풍에서의 세일링에 많은 어려움을 가지고 있었다.

2) 레크너(D-2)

1988년 서울 올림픽 당시 지금까지 미풍용 레이스보드로서 훌륭한 역할을 했던 D-2에서 더욱 향상된 풋-스트랩이 달려있는 레크너가 나옴으로서 강풍에서의 세일링이 좋아졌다.

3) 미스트랄 원디자인(D-1)

1992년 바로셀로나 올림픽부터 2004년까지 4회 연속 올림픽보드가 된 미스트랄 원-디자인은 최장수 올림픽보드로 이름을 올렸다.

허나, 펌핑이 허용됨으로서 많은 선수들이 부상을 경험하게 된다.

4) RS:X

펀-보드(Fun-Board)의 대중화에 따라 기존의 올림픽보드였던 롱-보드(Long-Board)형 레이스보드(Race Board)가 하이브리드(Hybrid)형 레이스보드로 대체된 것이 RS:X이다.

2008년 중국 북경올림픽에서 공인정이 된 RS:X는 고가의 가격과 한 세일의 사용으로 인한 강풍에서의 어려움, 미풍과 강풍에서의 현저한 세일링 차이를 보이고 있는 문제점등이 지적되고 있으나 현재까지는 선수들만의 보드로 자리 잡아가고 있다.

**** 텐덤보드(2인승): 90년대에 개발이 되어 한때였지만 많은 이의 호기심을 자극한 보드가 2인승 이였던 텐덤이였다. 월드선수권에서 몇 차례 경기가 열렸으나 운반과 비효율적인 여러 가지 면에서 10여년전에 없어졌다가 최근에 다시 만드는 회사가 생겨났다.*

4. 세팅(Setting)

세일링(Sailing)에 대비하여 세일을 셋팅한다

세일은 윈드서핑의 엔진에 해당된다. 자동차의 엔진과 마찬가지로 바르게 정비해서 최고의 성능을 발휘할 수 있게 해야 한다. 배우기 시작할 무렵에는 세일의 크기가 맞지 않거나 셋팅하는 방법이 잘못되어 어려운 일이 발생할 수도 있다. 세일이 맞게 셋팅되어 있지 않으면 조작을 하는 동안 문제가 생겨 아무리 뛰어난 세일러라도 이를 극복하기가 어려울 것이다. 그러므로 세일이 바르게 셋팅하는 데에 시간이 걸리는 것은 당연한 일이다.

▌세팅하는 장소

될 수 있으면 주위에 사람이 없는 풀밭이나 바닥이 적당히 부드러운 곳에서 셋팅하는 것이 좋다. 아스팔트나 콘크리트 위에서는 세일이나 붐이 깍일 우려가 있고, 모래밭 위에서는 부품이 꽂힐 수가 있다.

▌바람을 등지고 한다

놀랍게도 많은 초보자가 세팅의 첫째 원칙을 지키지 않음으로써 세일의 갖가지 사고에 휘말린다. 그 원칙이란 바람을 등지고 셋팅하는 것이다.

1) 마스트 슬리브

세일을 펼치고 마스트를 세일의 밑에서 마스트슬리브에 신중히 끼운다.

2) 마스트를 끼운다

맨 위에까지 마스트를 끼운다. 먼저 길이를 조절할 수 있는 세일의 경우는 마스트의 끝이 단단히 끼워져 있는지 확인한다. 끝은 나중에 조절할 수 있도록 느슨하게 매어 둔다.

3) 조인트 베이스(익스텐션) 셋팅

1. 조인트 베이스에는 몇 개의 셋팅 부품이 있다.
2. 조인트 베이스를 마스트베이스에 고정시킨다. 그 조인트를 마스트의 밑에 끼운다. 이때 조인트에 모래 등이 묻지 않도록 주의한다.
3. 다운홀 라인을 세일의 다운홀에 끼워 가볍게 맨다. 마스트 벨트로 업홀 라인의 하단을 단단히 맨다.

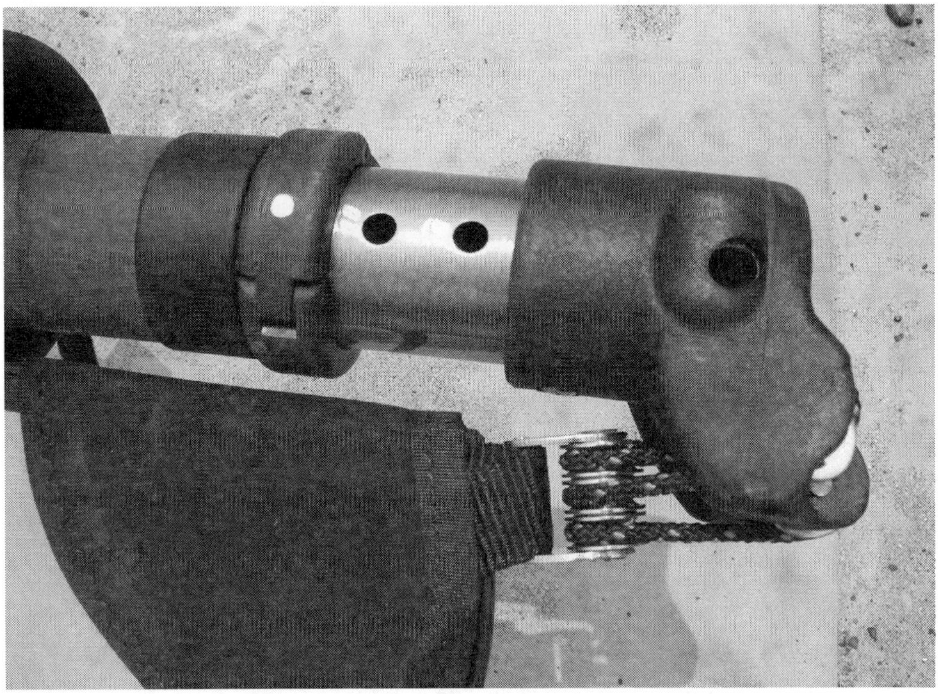

4) 붐의 높이

다음에는 붐을 정착할 장소를 정하자. 붐의 높이는 스텐스에도 영향을 크게 미치므로 눈높이에서 가슴 사이가 적당하다. 초보의 경우 가슴 위 정도의 약간

낮은 위치가 세일을 조절하는데 유리하다. 너무 높게 셋팅이 될 때 세일의 중심을 이동하는데 어려움이 있다.

붐의 높이에 따라서 스텐스의 위치가 바뀌므로 적당한 높이에 바르게 셋팅해야 한다.

5) 붐 높이 표시

자신의 붐의 높이를 세일에 미리 표시를 해둘 것을 권한다. 다운홀-라인을 당기고 난후 세일이나 마스트에 자기의 붐 높이에 테이프나 매직으로 표시해 두면 좋다.

붐의 높이변화에 따라 세일의 중심이 조금씩 틀리기 때문이다.

6) 조인트에 주의

단단한 지면에 조인트가 상하지 않게 주의한다. 최근의 조인트는 모두 고무로 이루어져 있기 때문에 고무표면에 상처가 나거나 장시간 휘어져 있을겨우 파손의 우려가 있으므로 사용시 항상 점검을 필요로 한다. 세일링시 조인트의 파손은 장비의 분리로 자칫 위험한 경우가 발생한다.

7) 붐을 단다. 이제 마스트와 세일에 붐을 달 수 있을 것이다. 업홀 라인이 일의 밑을 향하도록 되어 있는지 붐의 방향을 확인한다.

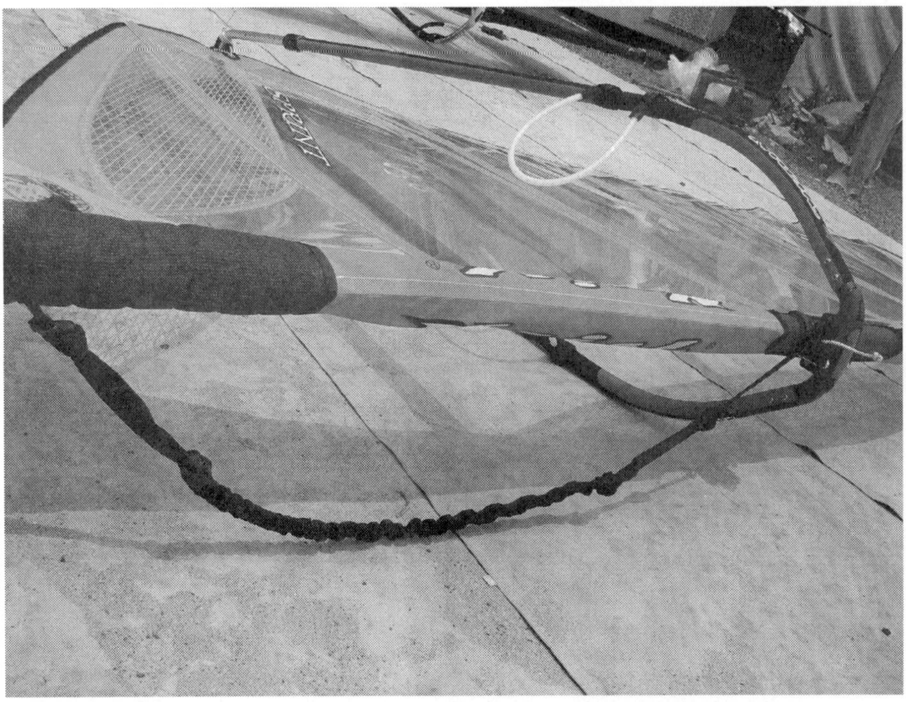

8) 붐 조

붐 조로 마스트와 붐이 단단히 고정되어 있는지 확인한다.

9) 붐 엔드

아웃-홀을 사용해서 세일을 붐 엔드에 고정한다. 완전히 고정하지 않고 세일의 모양은 나중에 다시 조정한다. 이때 모든 배튼을 팽팽하게 한다.

10) 적당히 피트시킨다.

가능한 세일과 붐 엔드 사이에 여유가 없게 하는 것이 중요하다. 여유가 있으면 세일의 풍압중심이 넓어져서 조절하기 어렵다.

11) 다운홀 라인을 당긴다

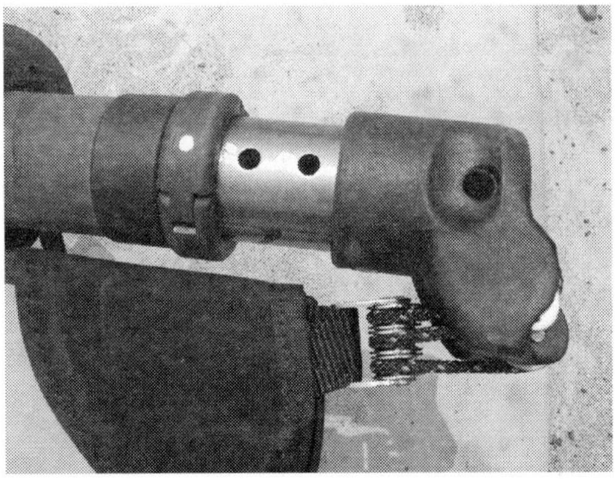

기본적인 조절 부품을 이용하여 팽팽하게 세일의 모양을 만든다.

현재 나오는 세일들의 대부분이 다운홀 라인을 당김으로 세일의 모양을 만든다. 역시 완전히 잠겨 아래에 여유 공간이 생기지 않도록 한다.

셋팅에서 가장 중요한 단계이다.

12) 아웃홀 라인을 당긴다.

최근의 세일의 경우 아웃-홀은 다운-홀보다 팽창 상태가 훨씬 적기 때문에 조금만 당겨 세일의 깊이정도만을 조절한다.

13) 다운홀을 당길때 편리하게 이용할 수 있는 윈찌(Winch) 팽팽하게 조일 때 손을 보호하기 위해 윈찌(Winch)를 이용하기도 한다. 좌측이 유로형과 파워 겸용이며, 오른쪽이 파워형으로만 사용가능한 윈찌이다. 나무 막대에 로프를 감아도 같은 효과를 얻을 수 있다.

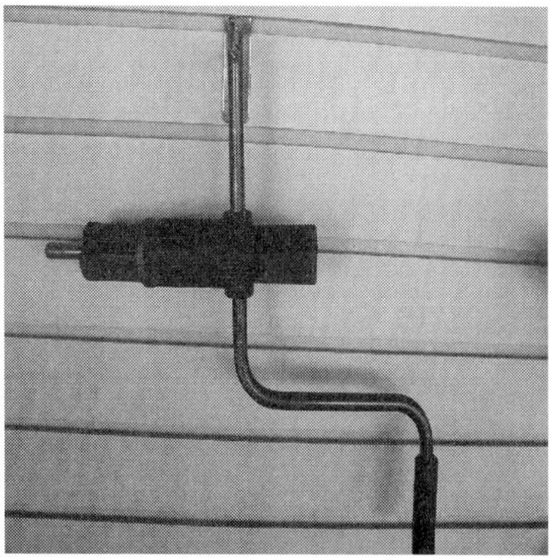

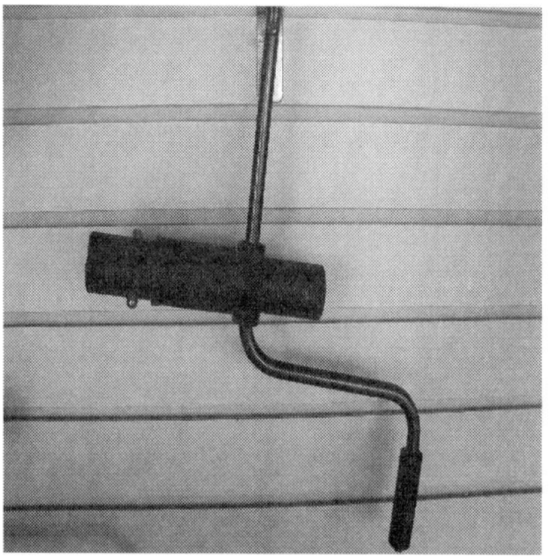

14) 여분의 로프

모든 셋팅이 끝나면 늘어진 로프는 잘 묶어서 풀어지거나 엉키지 않게 한다. 그러나 긴급할 때 아웃-홀 라인은 풀어지기 쉽게 해두어야 한다.

15) 평평한 세일

팽팽하게 한 뒤 수평으로 보고 세일에 주름이 없게 한다.

16) 튜닝

아웃-홀과 다운-홀을 셋팅한 뒤에 붐과 마스트의 길이를 바꿔야 하는 경우가 있는데, 이것을 '튜닝'이라 한다. 초보자의 겨우 완벽히 마무리가 되었다면 모든 장비에 자신의 위치를 표시해두는 것이 좋다.

17) 어저스터블-톱

마스트의 호환성을 높이기 위하여 일부 세일의 헤드부분 길이를 조절할 수 있는 어저스터블-톱이 있다.

18) 배튼 포켓

배튼의 팽팽함이 적절한지 점검한다.

배튼 포켓은 배튼을 넣기 위해 세일에 붙여 놓은 가느다란 주머니로, 주름이 있어서는 안 된다.

19) 붐의 길이

아웃홀을 팽팽하게 한 뒤 붐이 너무 길지 않도록 조절한다.

20) 세일의 점검

자, 이번에는 세일의 팽창 정도는 문제없는지 확인하자. 세일에 주름이 있으면 튜닝에 문제가 있는것이다. 팽창 정도가 만족스러우면 세일 준비는 완료된다.

21) 세일의 상태

세일의 모양에 따라 성능에 차이가 생기며 조작에도 쉽고 어려움의 차이가 생긴다. 기본형은 세일의 디자인이나 마스트의 강성에 따라 다르다.

■ 너무 느슨할 경우

세일이 붐에 너무 밀접해 있고, 마스트슬리브의 배턴이 많이 접쳐있는 상태다. 아웃-홀을 좀더 팽팽하게 한다.

■ 너무 팽팽하다

아웃-홀을 너무 당겨서 세일이 붐에서 많이 벌어져 있고, 세일의 모양이 평평하니 캠버가 없다.

■ 최종정검

세일을 바닥에 놓고 마스트베이스를 발로 밟아서 세일의 전체적인 모양을 본다. 세일을 세워서 세일 전체를 점검할 수 있다면 더욱 좋다. 세일이 붐에 닿아 있으면 팽팽함이 부족하여 불안정한 느낌이 들고, 또 세일을 너무 바짝 당겨도 필요한 힘이 나오지 않는다.

22) 세일의 팽창정도

▌적절한 팽창이란?

팽창 정도는 그 세일의 디자인이나 사용 목적에 따라 다르다. 그러나 세일의 모양은 다운홀과 아웃홀로 어느 정도 바꿀 수 있다. 아웃홀과 다운홀의 당김이 느슨한 세일은 큰 힘이 나오지만 무거워서 조작하기가 어렵고, 반면 너무 팽팽한 세일은 힘이 나오지 않아 조작이 어렵다. 또한 반응을 예측하기 어렵고 순조롭게 움직이지 않는 경우도 있다. 이상적인 상태는 이 양극단의 중간이다.

23) 주름을 없앤다

최근의 세일은 주름이 너무 많이 생기지 않도록 셋팅할 필요가 있다. 세일에 작은 여러 개의 가로 주름이 생겼을 때는 다운홀의 팽창 정도가 부족한 것이 틀림없다. 이 경우에는 마스트베이스를 발로 누르면서 힘을 주어 끌어 당겨야 한다. 또 세일에 세로 주름이 생겼을 때는 팽창 정도가 충분한 것이고, 붐 엔드에서 가로 주름이 생기는 것은 아웃홀이 너무 팽팽한 것이다.

24) 육상에서 셋팅 상태 보기

세일의 팽팽함과 느슨함을 본다. 이때 세일이 붐에 닿아 있지 않고 적당한 아웃홀의 당김과 다운홀의 팽팽함이 나와야 한다.

이러한 모양은 초보단계에선 어려움으로 주변의 상급자에게 튜닝된 모양과 방법을 수시로 배운다. 물론 캠(Cam)세일과 노캠(No-Cam) 세일은 차이점이 있다.

Ⅲ. 윈드서핑 테크닉

1. 론칭(Launching)

보드와 세일을 물위로 나른다

세일의 셋팅이 끝나면 물위에서의 연습이 시작된다. 보드를 빨리 물위로 운반하여 세일링을 하고 싶어하는 마음은 충분히 이해할 수 있다. 그러나 세일과 보드의 운반 역시 세일링의 일부임을 잊지 말자. 이러한 일 역시 보드 핸드링(Handling)의 한 방법이다. 지금 시간을 들여서 보드와 친숙해 두면 나중에 반드시 시간을 절약할 수 있음을 잊지 말아야 한다.

아래사진은 보드와 세일운반의 대표적인 방법이다.

* 바람방향에 직각으로 마스트를 풍상에 둔다.

▌모래가 있는 비치에서의 론칭

- 모래가 있는 비치라면 보드의 손상이 적으므로 해변에서 보드와 세일을 셋팅하는 것이 쉽다.

▌자갈밭과 시멘트로 이루어진 물가

- 내려놓아도 대거 보드가 바닥에 닿지 않도록 무릎정도의 깊이에서 론칭하는 것이 좋다. 항상 세일을 먼저 물에 띄우고 보드를 이동하여 셋팅한다. 간혹 바람과 파도에 보드가 떠내려가는 경우도 있기 때문이다. 초보자의 경우 바람이 기슭과 평행으로 불어오는 때가 이상적이다. 그렇게 되면 바다로 나가고 들어오기가 쉬워 안전한 세일링(Sailing)을 할 수 있다.

▌그 밖의 론칭 방법

- 좀더 익숙해지면 훨씬 빨리 할 수 있는 방법으로 해보자.

보드의 머리 부분이 앞바다를 향하게 놓는다. 준비가 다 되면 보드 뒷부분의 풋-스트랩(Foot-Strap)을 든다.

세일의 아래를 바람이 흐르도록 마스트를 반드시 보드의 센터라인과 평행이 되게 하고 똑바로 보드의 머리 부분부터 물에 들어간다. 이때 앞에서 오는 파도에 보드의 방향이 옆으로 돌지 않게 주의한다. 적당한 깊이에 이르면 보드를 내려놓고 대거 보드를 전부내리고 출발한다.

풍상쪽의 손으로 마스트를 잡고, 풍하쪽의 손으로 보드 뒷부분의 풋-스트랩(Foot-Strap)을 든다. 이때, 세일의 중심은 내 머리위로 완전히 이동되어 있어야 한다.

그대로 보드의 옆면을 적당히 세워서 앞으로 나아간다. 이때 세일에 가볍게 머리를 받쳐서 나아가는곳도 하나의 방법이다. 지나치게 힘이 실리면 세일이 찢어지는 경우가 있으므로 주의한다.

앞에서 오는 파도에 보드의 방향이 옆으로 돌지 않게 주의한다. 파도에 직각으로 방향을 유지하면서 나아간다.

적당한 깊이에 이르면 보드를 내려놓 고 대거 보드를 전부내리고 출발한다. 이후는 앞서 기술한바와 같다.

이때, 앞에서 밀려오는 파도에 보드의 방향이 옆으로 돌지 않게 해야 한다. 양발에 체중의 이동을 정확히 하여 업홀링시 보드의 방향을 그대로 유지하는 것이 관건이다.

뉴트럴-포지션의 위치에서 보드와 세일의 각도를 반드시 직각을 유지할 필요는 없다.

보드의 방향을 파도에 직각으로 유지하여 보드의 방향이 돌지 않게 하는 것이 최우선 과제이다.

▌상급자의 경우 보드와 세일의 밸런스를 유지하며 동시에 들어 운반이 가능하다

가벼운 펀-보드의 경우 위의 사진과 같이 보드의 무게와 세일의 무게중심을 이용하여 한번에 들어서 론칭이 가능하다.

초보자의 경우 보기완 달리 쉬운 일이 아니므로 강사에게 배운 후 한번 시도해볼만 하다.

2. 뉴트럴 포지션

보드는 바람에 직각이고 세일은 보드에 직각이 되는 안정된 포지션

뉴트럴 포지션이란 보드의 회전이나 세일링(Sailing)에 없어서는 안 되는 기본적인 자세이다. 이름에서도 알 수 있듯이 가장 간단하고 안정된 자세라고 할 수 있다. 이 책에 나와 있는 모든 기술은 거의가 이 포지션에서 시작되므로 시간을 들여서 연습해야 한다.

세일을 수면에 들어올려 뉴트럴 포지션을 정하고 이 상태를 유지한다

1단계

허리 정도의 깊이에서 시작하는 것이 이상적이지만 바닥에 발이 닿지 않는 경우에도 방법은 같다.

헤엄칠 때와 같이 양발을 차면서 보드에 몸을 들어올린다.

센터라인

보드가 뒤집히지 않게 보드의 중심에 체중을 둔다. 발을 들어 조인트의 바로 옆에 무릎을 올려놓는다.

풀 세일

균형을 잡기 위해 업홀 라인을 잡고 풍향을 체크한다. 바람을 등지게 되면 OK.

2단계

드디어 보드 위에 선다. 두 팔을 쭉 뻗어 몸을 위로 기울이면 세일이 천천히 올라온다. 이때 보드의 방향이 바람과 직각이 유지되게 양발에 적당히 힘을 주면서 들어올린다.

세일을 들어올린다

무릎을 약간 구부리고 머리는 들고 팔은 똑바로 편다. 대부분의 초보자들이 손의 힘만으로 세일을 올리려고 한다. 이것은 잘못된 방법이다. 다리의 힘과 체중을 뒤로 충분이 버티면서 세일을 천천히 물에서 들어올린다.

3단계

세일이 물에서 떠오르면 나머지는 천천히 끌어당기기만 하면 된다. 여기서 너무 서둘러서는 안 된다.

끌어당긴다

업홀 라인을 잡은 손을 조금씩 끌어당기듯이 세일을 물에서 들어올린다. 마스트는 늘 보드에 대해 직각을 유지한다. 또 붐을 빨리 잡고 싶은 마음은 억제하도록 하자. 너무 빨리 붐을 잡으려고 몸을 앞으로 숙이면 세일의 무게에 중심을 빼앗겨 세일을 다시 빠뜨리는 결과를 초래한다.

4단계

세일이 물에서 떠오르게 되면 아직 세일에 바람을 받지 않더라도 보드의 방향을 바꿀 수가 있다. 세일을 조금만 살짝 움직여도 보드를 회전시킬 수 있다.

▌손의 위치

업홀 라인의 맨 위를 잡고 있던 손을 마스트로 옮긴다. 한 손만으로 마스트를 받치고 한 손은 균형을 잡기 위해 자유롭게 놓아두는 게 좋다.

▌회전

세일을 보드의 꼬리부분으로 기울이면 보드의 머리 부분은 바람이 불어오는 쪽을 회전한다.

▌발의 위치

균형을 유지하기 위해 두 발은 센터라인 위에 놓고 어깨 너비와 같게 벌린다.

▌역풍에서의 업-홀링

많은 초보자들이 역풍에서의 업-홀링시 어려움을 얘기한다. 풍향을 체크해보면 틀림없이 세일이 바람이 불어오는 쪽으로 넘어져 있는 즉 바람을 정면에서 받고 있는 경우도 있을 것이다. 이 상태로 세일을 끌어올리기는 매우 어렵다. 이럴 때는 먼저 선 채로 세일을 물에서 약간 끌어올리면 바람이 세일에 부딪쳐 보드가 서서히 돈다. 이때 두발에 체중을 균등하고 있어야 한다. 그러는 동안에 바람이 등 뒤에서 불어오면 여느 때와 같은 순서로 업홀 라인을 사용하여 세일을 세운다. 그러고 나서 뉴트럴 포지션을 취한다.

5단계

방향을 바꾼다

세일을 보드의 머리 부분 쪽으로 기울이면 머리 부분은 바람이 불어가는 쪽으로 방향을 바꾼다.

▌스탠스

균형을 유지하기 위해서는 발을 정확히 센터라인 위를 올려놓고 벗어나지 않도록 한다.

▌발의 위치

발의 올바른 위치는 센터라인 위이다.
마스트트랙이 그 표시가 된다.

6단계

뉴트럴 포지션

세일을 보드의 꼬리 또는 머리 부분으로 기울여 쉽게 뉴트럴 포지션으로 옮긴다. 이 단계에서는 세일이나 보드의 움직임을 예상할 수 있게 될 때까지 조금씩 천천히 조작하자.

▌세일

세일은 보드에 대해 90도 방향으로 펄럭인다.

▌자세

두 발은 조인트를 끼고 어깨 너비만큼 벌리고 선다. 편안하고 느긋한 자세로 서고 발에 필요이상의 힘을 주지 않는다. 양발에 체중을 균등히 하고 보드와 세일의 위치가 돌지 않게 가볍게 조절한다. 그러면 보드가 자연히 움직인다.

3. 180도 회전

보드를 180도 회전시킨다

세일을 세우면 당장이라도 달려 나가고 싶을 것이다. 하지만 거칠고 푸른 바다로 나가기 전에 한 가지 더 배워 둘 것이 있다. 그것은 다시 기슭으로 돌아오는 방법과 보드를 뉴트럴 포지션으로 향하게 하는 두 가지 방법이 있다는 것을 기억해 두어야 한다. 기슭에서 떠날 때 이상적인 방향으로 향하고 있지 않을 수도 있다. 그러므로 이 기본 단계에서도 보드를 회전시키는 기본적인 방법은 꼭 익혀 두어야 한다. 그럼 다시 한 번 뉴트럴 포지션부터 해 보자

1단계

뉴트럴 포지션

이미 배워서 알다시피 세일을 기울이면 보드가 회전하기 시작한다. 180도 회전은 이를 계속하게 되면 이루어진다.

하반신

몸에 힘을 빼고 천천히 자세를 낮추고 등은 편다. 발은 여기서도 균형을 잡기 위해 센터라인 위에 놓고 어깨 너비만큼 벌리고 선다.

세일

세일이 깃발처럼 펄럭이고 그 양쪽으로 바람이 지나가면 포지션은 잘못되어 있지 않다. 두 손 또는 뒤로 돌린 손으로만 마스트를 잡고 이 뉴트럴 포지션을 유지한다.

▌앞뒤를 반대로

자칫하면 보드의 앞뒤를 혼돈하기 쉽다. 이런 때를 위해 조인트는 언제나 대거 보드 앞에 있다고 기억해 두자.

2단계

세일을 기울인다

먼저 세일을 보드의 꼬리 쪽으로 기울여 회전을 시작하자. 이것은 뉴트럴 포지션에 들어갈 때에 한 것과 같다. 여기서는 느리지만 움직임을 정확하게 한다.

▌침착하게

세일을 움직이는 속도와 방법에 따라 회전 속도가 결정된다.

세일을 빠르고 크게 움직이면 그만큼 보드의 회전도 빨라진다. 이 단계에서는 반드시 작고 천천히 움직이자.

▌어깨

세일을 같은 방향으로 기울여 회전을 계속한다.

팔을 뻗은 채 어깨와 상반신은 세일과 수직을 유지한다.

▌세일

세일을 천천히 보드의 꼬리 쪽으로 기울이면 세일은 부분적으로 바람을 안고 세일 보드는 약간 앞으로 흐르게 된다. 이 움직임에 따라 보드는 다시 안정된 것처럼 느낀다.

▌발

회전의 첫 단계에는 발을 센터라인 위에 둔다.
발 전체의 힘을 빼고 무릎을 조금 구부린다.

3단계

바람의 중심을 지나가다

회전을 계속하다 보면 보드의 머리 부분이 바람이 불어오는 쪽을 향한다. 정면으로 바람이 불어오는 쪽, 즉 바람의 중심을 향하고 마침내 그 중심을 지나간다. 이 조작을 할 때에 무엇보다도 중요한 것은 발의 위치이다.

▌세일

세일을 같은 방향, 즉 보드의 꼬리 부분 쪽으로 계속 기울이자. 그러면 보드의 머리 부분은 바람이 불어오는 방향으로 회전한다. 속도를 올리려면 세일을 다시 뒤로 움직인다.

▌전체의 흐름

이 기술의 순서를 알 수 있도록 여기서 전체의 흐름을 다시 한 번 살펴보자. 세일을 기울인 채 조인트를 중심으로 회전함에 따라 보드 뒷부분이 그 자리에서 회전하는 것을 알 수 있다. 이렇게 하면서 다시 뉴트럴 포지션으로 돌아가지만 세일 보드는 출발할 때의 반대 방향을 향하게 된다.

▌팔

이 단계에서는 아직 팔을 뻗은 채 붐 바로 아래의 마스트를 손으로 가볍게 잡는다.

▮ 바람을 등지고

무게중심은 센터라인 위에 둘 것. 여기에서는 바람이 등 뒤에서 불고 있으므로 어깨는 대개 세일과 수직을 유지한다.

▮ 보드

회전하는 동안 보드의 움직임을 살펴보자. 세일은 바람과는 상관없이 항상 같은 위치에 있는 것에 주의한다.

▮ 발의 움직임

이제 보드 위에서 발을 움직여야 한다. 조인트의 바로 곁을 조금씩 돈다.

4단계

다시 뉴트럴 포지션으로

이렇게 세일 보드를 조작하여 다시 뉴트럴 포지션으로 돌아왔다. 물론 이번에는 보드가 출발할 때의 방향과는 반대 방향으로 향하고 있다.

5단계

오른쪽으로 회전

회전을 끝내면 반드시 다음 회전 또는 조작에 들어가기 전에 뉴트럴 포지션으로 돌아가야 한다. 뉴트럴 포지션은 가장 편하고 중심잡기가 쉬운 위치다. 그렇지 않으면 파도에 중심을 잃고 넘어지기 쉽다.

▌자세

무릎과 팔을 가볍게 구부리고 느긋하고 편한 자세로 세일은 센터라인과 직각이 되게 한다.

▌역으로 회전

세일을 기울이면 보드가 회전한다. 이 회전을 멈추려면 세일을 똑바로 세워야 한다. 보드를 잘 돌릴 수 있으면 이번에는 반대 방향으로 회전시켜 보자

▌회전의 속도

속도는 세일을 기울이는 방법에 따라 다르다. 세일을 많이 기울일수록 또 빨리 기울일수록 보드의 회전이 빨라진다. 여기에 체중까지 같이 이동한다면 더욱 빨라질 것이다.

4. 세일링

풍향에 대해 직각으로 달린다

먼저 뉴트럴 포지션에서 출발하여 풍향에 대해 직각으로 세일링 한다. 물론 한 방향으로 달린 뒤에 방향을 바꿔 반대 방향으로 달려서 처음 떠났던 장소로 되돌아올 수도 있다. 윈드서핑의 가장 기본이 되는 코스니 반드시 기억하자.

1단계

뉴트럴 포지션

이 기술은 뉴트럴 포지션에서 출발하자. 바람의 각도에 따라 보드를 조정할 수 없다면 계속 진행하기가 어렵다. 실패하거나 잘 되지 않을 때는 반드시 이 포지션으로 되돌아간다.

▌자세

출발이전의 움직임은 최대한 편안하고 느긋하게 있는다.

▌목표물

세일링의 목표물을 정해 두는 것은 좋은 아이디어이다. 이것은 자기가 똑바로 코스를 달리고 있는지 확인하는 데에 도움이 된다.

▌움직이는 목표물

수상의 부표나 말뚝, 또는 기슭에 있는 것 중에서 목표물을 정한다. 어쨌든 그것이 움직이지 않는 것임을 확인하자

2단계

발(체중)의 이동

마스트를 향하여 불어오는 바람과 반대쪽으로 몸의 중심을 약간 뒤로 기울인다. 이렇게 하면 세일이 실제보다도 무겁게 느껴진다.

▌손

오른쪽으로 기울인 채 진행한다. 앞의 팔은 조금 구부린 채로 둔다. 세일은 보드에 대해 직각을 유지하도록 한다.

▌뒤로 옮긴다

양 발 모두 뒤로 옮기고 뒷발이 센터라인의 대거 보드 위에 오게 한다.

▌발의 위치

앞발은 진행 방향으로 향한다. 발끝을 조인트 바로 곁에 둔다.

3단계

밸런스 포인트

이제 요령은 스스로 균형감각을 느낄 때까지 세일을 당기면서 진행한다.

전방을 향한다

몸을 비틀면서 세일을 당겨 보드의 진행 방향을 향한다. 어깨와 엉덩이는 세일과 평행하게 하고 앞의 팔은 뻗은 채 둔다.

밸런스

밸런스 포인트에서는 업홀라인 손을 잠깐 놓아도 넘어지지 않는다.

체중

이때 체중은 뒤로 이동한 만큼 앞발에 두고 있어야 한다. 앞발에 70%정도의 체중을 두고, 뒷발에 나머지 체중을 둔다. 뉴트럴 포지션에서와 같이 보드와 세일이 직각을 이루고 보드의 방향이 돌아가지 않아야 한다.

4단계

붐을 잡는다

그림에서 보듯이 여기서 세일 손을 붐으로 옮길 수 있다. 어깨에서 제일 가까운 곳을 잡는다.

▮ 손의 이동

투명한 윈도우로 보드가 어느 쪽으로 향하고 있는지 잘 보인다. 세일 손(오른손)은 어깨에서 제일 가까운 붐에 양손을 엇갈려서 올려놓는다.

세일을 당기기 전에는 바람이 들어가 있지 않으므로 깃발처럼 펄럭인다.

* 업홀-라인을 잡고 있던 앞의 손을 놓고 뒷손과 앞손을 교차시켜 붐을 잡는다. 붐을 잡은 손의 위치는 마스트에서 약 한 뼘 정도가 적당하며 마스트는 적당히 앞으로 기울이는 것이 좋다.

붐은 수면과 수평이 되도록 하고 시선은 항상 앞을 주시한다.

동작이 지나치게 크면 균형을 잃기 쉬우므로 천천히 동작을 취하되 허리는 구부리지 않는다.

세일을 당기면 세일은 완만한 곡선을 그린다.

마스트 가까이에서 세일이 펄럭일 때는 아직 당기는 방법이 익숙하지 않은 것이다.

▮ 붐

붐을 잡은 위치는 세일을 당기는 방법에 따라 다르다. 또 이 당기는 방법은 바람의 세기와 관계된다. 그러므로 밸런스 포인트가 중요하다.

▌손

앞의 손(왼손)은 마스트에 놓은 채 세일 손을 붐에 놓는다. 그다지 세게 잡을 필요는 없다. 가급적 느긋한 편이 근육에 무리가 없다.

▌발의 위치

진행 방향을 향하고 있는 앞발로 몸이 앞으로 쏠리지 않도록 버틴다. 센터라인 위에 있는 뒷발이 옆으로 끌려가지 않게 하는 데에 도움이 된다.

▌하반신

양 발의 각도는 90도인채로 둔다. 발의 힘은 빼고 무릎은 약간 구부린다.

오른발을 마스트의 옆으로 옮겨 45도 정도 비껴 옮긴다. 이때 왼발이 보드의 밸런스를 깨지 않도록 주의한다.

옮긴 오른발에 체중을 실어주면서 자연스럽게 왼발을 보드의 뒤쪽으로 이동한다.

세일을 당기고 나아가기 전에는 체중을 뒤로 이동한 만큼 앞발에 실어주어야 한다. 약간 앞으로 기울어진 느낌이면 좋겠다.

세일에 아직 바람이 들어가 있지 않으므로 체중은 센터라인 위에 두도록 한다.

5단계

세일을 당긴다

드디어 세일에 바람을 받을 때가 되었다. 세일을 잡은 손으로 조금씩 당긴다. 세일이 바람을 받으면 서서히 힘이 세어지는 것을 느낄 수 있다.

마스트

마스트는 똑바로 세우고 보드의 머리 부분은 마스트 너머에 보이는 것을 주목하라.

⇒ 양손을 붐 위로 다섯 손가락을 모아 올려 놓는 것이 좋다.

▌머리

머리를 들고 진행 방향을 본다. 보통 바로 눈앞을 보게 되지만 전방을 바라보아야 한다.

▌발

세일에 바람을 받으면 세일에서 멀리 떨어진 뒷발에 중심을 옮기고 앞을 향하고 있는 앞발이 미끄러지지 않도록 주의한다. 몸과 마스크 사이는 V자 모양이 되게 한다.

6단계

달리기 시작한다

달리기 시작하면 손을 가볍게 지고 붐과 적당한 거리를 유지한다.
이때 양손의 중심이 자신의 정면에 두는 것을 잊지 않는다.

주행시 더 안정적이다

속도를 내면 보드가 안정되어 불안을 느끼지 않게 된다.

세일

세일이 바람을 가득 받고 있다.

손

앞손과 뒷손을 적당히 당겼다 놨다하면서 바람의 세기에 대응하여 적당히 움직인다. 너무 과도하게 당겨서 세일과 몸과의 거리가 너무 가까워도 파도나 보드의 밸런스에 쉽게 적응하지 못한다. 반대로 지나치게 놔도 세일에 받는 힘을 감당하기가 힘들어 딸려간다, 이 점을 잊지 않도록 한다.

▌바람을 이용한다

세일링 자세에서는 자기 체중과 팔을 사용하여 세일에 닿는 바람의 힘을 조절해야 한다. 바람이세면 체중의 이동을 뒤로 많이 두고, 약하면 상체를 세워서 체중을 보드위에 둬야 한다.

▌스탠스

스탠스는 전과 같이 앞발을 진행방향과 같이 두고, 뒷발은 보드와 직각을 이루게 하여 보드밸런스에 대응해야 한다.

바람의 힘이 강해지면 세일의 힘을 조절하기 위해 몸을 뒤로 젖히고 체중을 뒷발 쪽으로 더 옮겨야 한다. 이때 발의 위치를 이동하여 체중을 양발에 똑같이 두는 것도 한 방법이다.

▌오버 파워

힘이 너무 지나칠 때는 세일을 잡은 손(뒷손)을 떼고 세일에서 바람이 벗어나게 해야 한다.

5. 바람과 함께 떠난다

이 책에서는 모든 기술을 각각 분류하여 설명하고 있다. 그러나 여기서는 기술 전체를 연속된 흐름으로 생각하는 것이 매우 중요하다. 초보 단계에는 결과가 방법보다도 중요하다. 그래서 각 요소가 바르게 행해졌는지 점검하는 데에 시간을 너무 할애해서는 안 된다. 테크닉의 개선은 나중에 해도 된다. 다음 순서를 하나의 연결된 움직임으로써 머리 속에 그려 보자. 뉴트럴 포지션에서 뒤로 물러나서 손을 들어 붐을 잡고 당긴다. 그리고 몸을 뒤로 젖히고 달린다. 마지막으로 시선을 진행방향에 둔다.

1. 보드가 세일과 직각인 뉴트럴 포지션

2. 마스트가 진행방향으로 향하게 놓고 앞쪽의 손만으로 잡고 동시에 두 발을 움직여 세일링 자세를 취한다.

3. 여기가 가장 중요한 단계이다.

앞의 팔을 사용하여 세일을 몸 쪽으로 당긴다. 균형이 잡혔다고 느껴질 때까지 한다. 바람이 세어질수록 많이 당긴다.

4. 마스트에서 먼 손(세일 손)을 붐의 어깨에서 가장 가까운 곳에 두고 세일을 당기는 자세를 취한다. 세일은 아직 밸런스 포인트에 있다. 이 위치에서 꾸물대서는 안 된다.

5. 상반신을 틀어서 붐과 어깨가 평행이 되도록 한다. 동시에 중심을 뒷발로 옮기고 세일이 받는 힘에 대항하기 위해 몸을 뒤로 기울인다.

6. 마지막으로 쾌적하게 달리기 시작하면 양손을 가볍게 쥐고 몸의 힘을 최대한 뺀다. 멈출 때는 붐을 잡았던 세일 손을 놓고 뉴트럴 포지션으로 되돌아간다.

방향전환

세일링 도중에 진로를 약간 바꾼다.

이제까지는 목적지의 조절이 한정되어 있었다. 바람을 옆에서 받고 달려 되돌아올 수 있으며, 정지하거나 회정할 수도 있게 되었다. 여기까지 할 수 있으면 다른 사람이나 물건을 피해서 달릴 수 있다. 그러나 아직 달리는 코스가 한정되어 있다. 자 이번에는 세일링 중에 진로를 약간 바꾸는 방법을 배워 보자 그러면 스티어링의 기본 원칙을 알 수 있을 것이다.

1단계

시작한다

뉴트럴 포지션에서 출발한다. 바람을 옆으로 받고 달리는 방향에 목표물을 정하고 그 방향으로 세일링을 시작한다.

▌새로운 목표물

처음에 세일링 포지션에서 결정한 목표보다도 약간 바람이 불어오는 쪽과 가까운 곳에 새로운 목표물을 찾는다.

▌스탠스

어깨는 붐과 평행이 되게 하고 팔은 조금 구부린다. 발은 보드의 중심선에서 약간 뒤로 이동한다.

▌무릎

달리기 시작하면 무릎을 약간 구부린다.

2단계

방향을 바꾼다

자 이제 바람이 불어오는 쪽(풍상)으로 회전해보자. 세일을 보드 뒤쪽으로 기울이면 된다.

▌세일 손

세일을 잡은 팔을 가볍게 뒤로 뻗는다. 세일을 너무 끌어당기지 않도록 주의하자. 천천히 보드의 방향을 바꾸도록 하자. 세일의 힘을 잃는 경우도 있기 때문이다.

▌마스트

마스트를 보드 뒤쪽으로 기울인다. 그러나 몸으로부터 많이 벗어나서는 안 된다.

▌팔

마스트를 잡은 손을 구부려서 붐을 자기 가슴으로 접근시킨다.

▌세일

상황이 갑자기 전개되지 않도록 조금씩 기울인다.

▌발

발의 위치는 바꾸지 않는다. 체중은 거의 뒷발에 둔다.

▌바람

여기서 중요한 것은 진로 변경을 하는 동안, 세일이 바람을 계속 받도록 하는 것이다. 실제로 보드가 방향을 바꿀 때도 세일은 바람에 대하여 같은 각도를 유지한다.

▌똑바로 달린다

새로운 목표물로 방향을 바꿀 때 세일을 세일링 자세로 되돌려 보드의 회전을 중지한다.

■ 세일

보드가 바람이 불어오는 쪽으로 방향을 바꾸었기 때문에 세일과 보드의 각도가 좁혀져 있다. 세일 손(뒷쪽 손)으로 조금 당긴다.

■ 보드

보드의 머리 부분이 바람이 불어오는 쪽으로 회전하여 지금 데드 존 바로 옆을 클로즈홀드로 달리고 있다.

■ 바람이 분다

바람이 불어가는 쪽(풍하)으로 향하려면 이 순서를 반대로 하면 된다. 바람이 불어가는 방향에 새로 목표물을 정한다.

■ 파워 업

세일을 보드의 머리 쪽으로 내민다. 그러면 세일이 받는 힘이 커지기 때문에 무릎을 구부리고 중심을 낮게 한다. 이때 앞발에 충분히 힘이 실려 있어야 한다.

세일을 천천히 앞으로 기울이면 보드의 머리 부분이 바람이 불어가는 쪽으로 회전한다.

▌똑바로 세운다

새 코스에 들어가면 세일을 조작하여 보드의 회전을 중지해야 한다.

▌세일

붐을 조작하여 세일을 원래와 같이 똑바로 세운다. 붐은 수면과 거의 평행이 된다.

▌스탠스

진로를 바꿀 때 스탠스를 조금 바꾼다. 체중을 앞발에서 뒷발로 옮기는 정도면 된다.

바람이 세일을 당기는 힘에 지지 않도록 여기서 다시 몸을 뒤로 젖힌다.

진로 변경의 이론

▌앞으로 기울인다

세일에 받은 바람이 지닌 힘의 중심을 풍압 중심이라 하고, 이것이 피벗 포인트보다 앞에 오면 보드는 바람이 불어가는 방향(풍하)으로 보드가 향한다.

▌뒤로 기울인다

마찬가지로 세일을 뒤로 기울여 풍압 중심이 피벗 포인트의 뒤로 가면 보드는 바람이 불어오는 쪽(풍상)으로 향한다.

기본 세일링

▌붐

세일링 자세일 때 붐은 수면과 거의 평행이 된다.

▌러핑 업

붐 엔드를 수면 쪽으로 내리고 세일을 뒷발로 당긴다. 아울러 체중까지 뒷발로 실어주면 빠른 러핑 업이 가능하다.

▌베어링 어웨이

기본 세일링 자세에서 세일을 보드의 앞이나 바람이 불어오는 쪽으로 기울인다.

이때 반드시 뒷손을 가볍게 당겨야 한다. 완벽한 자세가 나왔다면 세일에 받는 풍압만큼이나 앞발에 보드를 지탱하게 되는 힘이 들어 갈 것이다.

이 힘으로 보드는 수면에서 미끄러지며 방향을 바꾸게 되는 것이다.

육상연습에서 이러한 느낌을 가지고 바다로 나간다면 보다 쉽게 바다에서 적응을 할 것이다.

스탠스

세일링 자세

적절한 스탠스는 세일링을 즐기기 위해서도, 숙달을 위해서도 중요하다. 되도록 빨리 편하고 느긋한 올바른 스탠스를 익힐 필요가 있다.

기본이 정확히 몸에 익지 않아도 처음에는 그럭저럭 할 수 있지만 나중에 새로운 기술을 익힐 때 이 결점이 반드시 장애가 될 것이다.

올바른 스탠스를 익혀 두면 세일에 걸리는 풍압의 조작도 쉬워지고 바람의 힘을 최대한으로 살려 빨리 달릴 수 있다.

▌자세

기본적인 스탠스는 클로즈홀드에서 쿼터 리까지 어느 세일링 포인트라도 마찬가지이다.

▌머리

앞 어깨 너머로 목표물을 정확히 본다. 이렇게 하면 몸이 구부려지는 일이 없으며 발 밑을 보고 있다가 무엇에 충돌하는 일도 없다.

▌어깨

팔을 가볍게 구부려 어깨와 붐이 서로 평행이 되도록 한다.

▌하반신

등줄기는 뻗고 허리를 진행 방향으로 틀도록 한다. 절대로 허리가 움츠려지지 않게 주의 한다. 몸과 세일의 간격을 벌려 바람의 변화에 대응할 수 있도록 한다.

▌다리

무릎과 발목에 힘을 빼고 보드가 자유자재로 움직일 수 있게 한다.

▌평행의 힘

세일에 생긴 힘과는 반대 방향으로 당기기 위해 어깨와 허리는 항상 붐과 평행을 유지한다.

▌세일 조작

세일에 바람을 가득 받기 위해서는 세일을 조작해야 한다. 세일의 앞쪽 가장자리가 펄럭이기 시작하면 살짝 끌어 당긴다.

▌어깨

바람에 대한 세일의 각도를 바꾸려면 어깨를 틀고 팔을 굽힌다. 어깨를 뒤틀지 말고, 세일과 항상 평행을 유지.

▌팔

팔을 약간 구부린다. 붐을 잡은 손은 어깨 폭만큼 벌리고 각 손이 풍압 중심에서 움직이도록 한다.

▌발의 위치

발은 어깨 너비만큼 벌린다. 앞발은 진행 방향으로 향하고 뒷발은 센터라인과 교차되도록 한다.

▌손

팔이 지치지 않도록 붐을 꽉 잡지 말고 갈고리처럼 걸치는 정도로 한다. 손가락의 힘도 뺀다. 바람은 팔꿈치가 가볍게 반응한다는 느낌으로 조작한다.

6. 비칭(Beaching)

해변으로 돌아와 보드를 육지에 올려 놓는다.

멋진 세일링 테크닉으로 뭍에서 지켜보는 사람들을 감탄하게 하고도 마지막에 해변에 도착하여 넘어지는 경우나 출발지점에서 너무 먼 곳에 닿아 자신의 보드와 세일을 걸어서 가져오는 경우가 허다하다. 해변으로 돌아올 때 가장 가까운 장소에 적당히 닿으면 된다고까지 생각하는 사람은 무척 드물다. 이 단계에서 조금만 조심하면 비칭도 론칭과 마찬가지로 능숙하게 할 수 있고 편하게 자신이 출발한 장소로 도착할 수 있다. 여기에선 초보와 상급자의 2가지 비칭 방법을 설명한다.

1단계

해변에서의 비칭

바람이 해안선을 따라 평행으로 부는 곳을 상륙 지점으로 선택한다. 이 바람이라면 윈드 어빔으로 달릴 수 있고 속도나 되돌아오는 방향을 조절하기가 쉽다.

▌세일을 내린다

물가에 오면 일단 뉴트럴 포지션으로 돌아가 업홀 라인을 사용하여 세일을 천천히 물 속으로 내리고, 센터라인 위에서 중심을 잡은 채 보드 위에 떠 있다가 조심스럽게 보드에서 내린다.

2단계

세일을 푼다

보드에서 세일을 푼다. 보드가 멀리 떠내려가면 안 되므로 먼저 보드를 옮기자. 세일을 옮길 때는 반드시 마스트를 바람이 불어오는 쪽으로 놓아 바람과 직각이 되게 한다.

또 하나의 비칭 방법(상급자)

뒷걸음질쳐 나온다

조금만 연습하면 보드와 세일을 떼지 않고 해변으로 올려놓을 수 있다.

세일링을 멈추었을 때 보드의 꼬리 부분을 기슭으로 돌리고 세일은 보드의 바람이 불어가는쪽으로 놓는다. 마스트를 잡고 세일을 들어올리고 세일은 바람에 흐르게 한다. 그러고 나서 보드의 꼬리 부분을 들어 올리고 앞바다를 바라보면서 천천히 뒷걸음질쳐 뭍으로 올라간다.

▌속도를 줄인다.

해변 가까이 스케그가 닿을 정도 깊이에 다다르면 세일에 바람을 흘려서 속도를 줄이고 보드의 뒷발을 바닥에 내릴 준비를 한다, 이때 속도가 완전히 죽지 않으면 중심을 잃고 앞으로 딸려가 넘어진다. 완전히 멈추는 시점에서 발을 내린다.

▌갑자기 뭍에 부딪친다

밑바닥의 지형을 잘 모를 때는 천천히 접근한다. 대거 보드가 갑자기 밑바닥에 부딪혀서 멈춰버리거나 고꾸라져서 보드의 앞부분으로 나가떨어져 버릴 지도 모른다. 또 보드와 핀은 비칭 시 특히 손상되기 쉽다.

▌세일손과 보드손의 이동

풍상쪽 손으로 마스트를 잡고, 풍하손으로 보드의 풋스트랩을 잡는다. 이때 세일손을 적당히 잡아 당겨 세일의 중심을 머리위에 둬야 세일에 받는 바람을 완전히 흘리면서 자칫 세일을 놓치는 경우가 없어진다.

▌풋스트랩과 나란히.....

풋스트랩의 옆에 나란히 선 후 마스트손의 위치를 결정한다. 너무 멀지않은 곳에 마스트손을 잡고 보드와 세일을 돌렸을 때 놓치지 않도록 잡는다.

▌뒤로 돌려 나온다.

그대로 풍상으로 돌아서 해변으로 뒷걸음질 한다. 이때 세일손을 놓치지 않게 잡는다.

파도에 세일과 보드가 돌아가지 않게 빠르게 뒷걸음질 한다.

▌해변에 올라온다.

해변까지 완전히 올라와서 보드는 풍상에 세일은 풍하에 놓이게 한다. 주변에 사람들이 있을때는 바람에 세일이 반대로 넘어가는 상황이 생기지 않도록 주의한다.

IV. 윈드서핑의 세일링 방법

1. 풍상을 향한 세일링

바람이 불어오는 방향으로 달린다.

이제까지의 연습으로 바람에 대해 직각으로 달리는 것과 방향을 바꾸어 달리는 것, 그리고 진로를 약간 바꾸는 것을 할 수 있게 되었다. 그러나 이것은 아직 전체의 일부분에 지나지 않는다. 목표물이 출발 지점의 바람이 불어오는 쪽에 있다고 하자. 보드를 똑바로 바람이 불어오는 쪽으로 달리게 할 수는 없다. 그러한 경우 먼저 데드 존의 한쪽으로 달리다가 반대쪽으로 달려 나아가야 한다.

바람이 불어오는 쪽으로 나아간다.

먼저 바람이 불어오는 방향에 목표를 정하자. 뉴트럴 포지션에 들어가게 되면 목표물은 보드의 앞방향보다 풍상에 있게 된다.

▌최초의 목표

뉴트럴 포지션에서 정면에 목표를 정하면 바람을 옆으로 받아 윈드 어빔으로 달린다.

▌자세

세일에 받는 풍압을 버티기 위해 몸을 조금 뒤로 젖힌다. 등을 똑바로 펴고 시선은 앞을 본다.

진로 변경

여기서 진로를 바꾸자. 세일을 보드의 뒤쪽으로 기울이고 앞으로 당긴다. 이렇게 하면 보드는 바람이 불어오는 쪽으로 회전한다. 그러나 이 단계에서는 변경을 조금만 해둔다.

▌세일

붐 엔드가 수면에 닿을 만큼 세일을 보드의 꼬리 부분 쪽으로 기울인다. 마스트쪽을 잡은 손을 구부려 붐을 가슴 가까이 당기고 세일을 잡은 손은 뻗는다.

▌시선

보드는 발 아래에서 회전하고 있다. 그러니 보드가 가려는 방향으로 향할 때까지는 목표에서 눈을 떼지 않는다.

▌세일

세일의 각도를 조정할 때 세일의 힘을 유지한다. 데드 존 한도까지 달릴 수 있게 세일을 당긴다.

▌세일을 당긴다

보드의 회전을 멈추기 위해 보드의 뒤로 기울인 세일을 붐이 수평이 될 때까지 되돌리고 세일이 바른 각도를 유지하도록 조금 당긴다.

2. 태 킹

바람이 불어오는 쪽으로 방향을 전환

초보자의 경우 회전하려고 할 때마다 뉴트럴 포지션으로 되돌아가는 것은 당연한 것이지만 곧 싫증나게 된다. 바람이 불어오는 쪽을 향해 달리고 있을 때는 특히 그렇게 느껴질 것이다. 태킹은 달리면서 바람이 불어오는 쪽을 향해 회전하는 방향 전환이다. 세일은 태킹을 하는 동안에도 거의 바람을 가득 받고 있고 보드도 움직이고 있으므로 매우 안정되어 있다. 이렇게 하면 안전할 뿐 아니라 시간도 걸리지 않고 세일의 반대쪽으로 옮겨 탈 수 있다.

♠ 클로스홀드

먼저 데드 존의 가장자리를 따라 클로tm홀드로 달리자.

▮ 태킹의 시간

태킹을 잘할 수 있으려면 무엇보다도 물위에서 연습을 많이 해야 한다. 처음부터 태킹을 빨리 할 수 있다고 기대하지 마라. 그러나 일단 태킹을 능숙하게 할 수 있게 되면 세일링이 비약적으로 늘게 될 것이다.

▌세일

세일에 바람을 가득 받기위해 클로스홀드에서는 센터라인 부근까지 붐을 당긴다.

▌세일을 끌어당긴다

힘을 유지하기 위해 세일을 센터라인 부근까지 끌어당겨야 한다. 세일의 앞 가장자리가 펄럭이면 더욱 끌어당긴다.

▌자세

침착하게 보이기 위해서나 균형을 위해서도 세일링하는 동안은 등을 될 수 있는 대로 곧게 편다.

▌발의 위치

앞발은 조인트 가까이에 둔다.

▌바람이 불어오는 쪽으로 회전

회전을 시작하기 위해 세일을 보드 뒤쪽으로 기울인다. 세일에 바람을 받아 자세를 유지하기위해 세일을 약간 당긴다. 그러면 보드는 바람이 불어오는 쪽을 향해 회전하기 시작한다.

▌팔

세일을 몸 쪽으로 당기고 있으므로 세일을 잡은 손은 뻗고 마스트를 잡은 손은 구부리고 있다. 눈은 진행 방향을 향한다.

▌발

중심을 뒷발로 옮긴다. 뒷발은 회전을 돕기 위해 보드를 바람이 불어가는 쪽으로 민다.

▌데드 존 속으로

세일을 계속 기울이면 보드는 바람이 불어오는 쪽을 향해 회전하여 데드 존 속으로 들어가 버린다. 이렇게 되면 세일에서 바람이 빠져 나가 훨씬 가볍게 느껴진다.

▌타이밍

태킹에 성공하는 비결은 좋은 타이밍. 세일의 주위를 이동하기에 가장 좋을 때를 아는 것이다.

▌붐

세일의 힘을 유지하려면 붐 뒤쪽이 거의 센터라인 위까지 온다.

▌퀵 스텝

발의 이동은 재빨리 그리고 능숙하게 한다.

보드가 바람을 뚫고 나아가면 세일을 잡은 손을 마스트로 옮기고 능숙하게 세일 앞을 돌아 보드의 반대쪽으로 옮긴다.

▌앞으로 밀어준다

새로 마스트를 잡은 손으로 세일을 앞으로 밀어주듯이 해서 조절한다. 그러면서 바람이 불어가는 쪼긍로 돈다. 한쪽 손은 자유롭게 놓아두고 균형을 잡는 쪽이 좋다.

▌불안정한 포지션

체중은 센터라인 위해 두고 보드는 평형을 유지한다. 이 위치에서는 세일과 보드가 일직선위에 있고 추진력은 없어진다. 보드가 흔들려 떨어질 위험성이 높다. 그러나 연습하면 이러한 불안정은 줄일 수 있다.

▌터닝 포인트

세일을 보드 앞쪽으로 계속 기울이면 바람이 불어가는 쪽으로 회전하면서 간다. 빨리 회전시켜 새로운 윈드 어빔의 세일링 자세로 들어간다.

▌스탠스

새로운 균형 포인트를 찾아내기 전에 발은 세일링 포지션에 둔다.

3. 풍하로의 세일링

바람이 불어가는 쪽으로 달린다

이 방향이라면 초보자도 쉽게 세일링할 수 있다. 그러나 세일은 바람을 향해서 똑바로 가는 것이 아니라 바람을 옆으로 받도록 설계되어 있다. 또 바람이 불어가는 쪽으로 세일링할 때는 세일의 옆으로 작용하는 힘이 없고 균형을 이루지도 못하므로 지금까지와는 다른 스탠스가 필요하다.

바람이 불어가는 쪽의 코스를 달린다.

▌윈드 어빔

먼저 바람을 옆으로 받아 윈드 어빔으로 달리기 시작하자. 새로운 기술의 연습에 들어가기 전에 스탠스는 문제가 없는지 점검한다.

▌굿 스타트

윈드 어빔으로 출발하라고 권하는 것은 비교적 쉬운 이 세일링 포인트의 경우 이 단계에서 필요한 기술을 생각할 시간적인 여유가 있기 때문이다.

▌회전한다

세일을 앞으로 기울이면 보드의 머리 부분은 바람이 불어가는 쪽으로 회전한다.

▌세일

세일을 바람이 불어오는 쪽으로 당기면서 회전을 시작한다. 무릎을 구부리고 중심을 낮추어 균형을 잃지 않도록 한다.

세일은 연다

세일을 바람이 불어오는 쪽 앞으로 기울인채 회전을 계속한다. 회전함에 따라 천천히 세일이 열린다.

파워 컷

바람이 불어 가는 쪽으로 계속 회전해가면 세일의 힘이 급격히 줄어든다.

손의 이동

회전을 유지하기 위해서는 붐을 잡은 손을 조금 뒤로 치울 필요가 있다.

체중

세일의 힘이 없어지므로 체중은 보드의 센터라인 위에 둔다.

스탠스

앞발을 뒷발 쪽으로 이동한다. 발끝을 조금 밖으로 돌리는 편이 보드를 조절하기 쉽다. 두 발은 센터라인을 끼고 양쪽에 둔다.

▌러닝

보드가 회전하여 이윽고 바람이 등 뒤에서 불어온다. 이것이 순풍 쪽으로 달리는 러닝이다.

반대로 돈다.

▌뒤가 앞이 된다

위와 같은 상태에서 시계 반대 방향으로 보드를 회전하면 세일의 앞뒤가 바뀌는 러닝이 된다. 이때 체중과 세일의 작은 움직임에도 보드의 방향이 바뀌는 경우가 있으므로 항상 체중과 세일의 기울임이 반대가 된다는 사실을 머리에 떠올리면서 움직임이 시작될 때 미리 대비해야 한다.

▌우측으로 회전

러닝 중에 보드의 방향으로 바꾸려면 또 다른 테크닉이 필요하다.

■ 좌측으로 기울인다

세일을 왼쪽으로 기울이면 보드는 오른쪽으로 회전한다.

■ 우측으로 기울인다

세일을 오른쪽으로 기울이면 보드의 머리 부분은 왼쪽으로 회전한다.

4. 자이빙

바람이 불어가는 쪽으로 방향을 전환하는 방법

자이빙은 태킹과 마찬가지로 방향을 전환하는 방법이지만 바람이 불어가는 쪽으로 보드의 머리 부분을 회전시킨다는 점이 다르다. 이것은 매우 어려운 테크닉이다. 자이빙에는 여러 가지 변형이 가능하다. 초보자의 로프-자이빙에서부터 스피드자이빙, G-자이빙, 레이다운, 점프자이빙 등. 하지만 그러한 모든 것을 완벽하게 익히려면 아마 평생이 걸릴 것이다. 자이빙은 가장 효율적이며 재빨리 보드를 회전시켜 바람이 불어가는 방향(풍하)의 이동을 가장 용이하게 하는 방향전환의 일종이다.

물론 여기서도 올바른 기본 테크닉을 습득하는 것이 무엇보다 중요하다.

1) 자이빙

자이빙의 기본 테크닉은 그다지 복잡하지 않다.

런과 자이브

러닝으로 달리고 있을때 이미 가장 기본적인 자이빙의 절반은 끝난 것이다. 보드의 머리 부분을 바람이 불어가는 방향으로 회전시키면 바람은 바로 뒤에서 불게 된다.

세일

세일을 기울이고 회전을 계속하면서 마스트를 잡은 손을 뻗어 마스트를 수면 쪽(왼쪽)으로 밀어 주고 앞팔(왼팔)은 뻗는다. 동시에 앞발에 체중을 두어 회전을 돕는다.

안전성

자이빙이 태킹보다 더 좋은 점은 바람이 등 뒤에서 불어오기 때문에 회전하는 동안에도 속도가 떨어지지 않는다는 점이다. 따라서 보드는 더 안정된다.

▌발의 위치

조인트에서 거리를 두고 보드의 바깥쪽에 둔다.

▌보드 머리 부분 위에서

태킹에서는 붐 엔드가 보드 후방에서 교차하지만 여기서는 보드의 머리 부분을 가로지르듯이 원을 그리며 움직인다. 마스트를 내 몸의 중심에서 멀리 떨어지지 않게하고 바람을 따라 세일을 재빨리 돌린다.

붐

세일을 잡은 뒤쪽 손을 앞쪽 손 아래로 움직여 마스트를 잡는다.
세일이 돌면 붐을 잡았던 손을 뗀다.

▌세일

세일을 계속 움직이면서 이번에는 세일을 보드 뒤쪽으로 밀어 준다.

▌붐

세일을 잡은 뒤쪽 손을 앞쪽 손 아래로 움직여 마스트를 잡는다. 세일이 돌면 붐을 잡았던 손을뗀다

▌발

회전을 계속하기 위해 앞발에 무게를 주면서 발의 방향을 바꾼다.

▌회전을 멈춘다

보드의 머리 부분이 힘차게 바람이 불어오는 쪽으로 회전해 간다. 마스트를 세워 회전을 중지하고 새로운 방향으로 뉴트럴 포지션을 잡도록 한다.

▌세일

회전을 중지하기 위해 세일을 한가운데로 옮기고 새로 마스트를 잡은 손으로 조정한다.

센터라인
발을 센터라인으로 이동하고 기본 스탠스로 되돌아간다.

▌양쪽 사이드

이 테크닉은 반대 방향으로도 할 수 있다. 대부분의 사람은 방향에 따라 잘하기도 하고 못 하기도 한다. 서툰 사람은 좀더 연습해야 한다.

▌자이빙 2

조금 연습하면 쿼터 리에서 다른 쿼터 리로 자이브 할 수 있게 된다. 자신이 원하는 크기와 시간에 맞게 좀더 빠른 자이빙을 구사한다.

2) 베어링 어웨이

기본적인 세일링 자세에서 세일을 앞으로 기울여 회전시키자. 앞쪽 팔을 뻗어 바람이 불어가는 쪽으로 회전하도록 조금 당긴다.

스탠스
회전하는 힘에 밀리지 않게 버티면서 보드의 머리부분을 바람이 불어가는 쪽으로 회전하면서 세일을 연다.

▌반복연습

이제부터 하려고 하는 것은 기본적인 자이빙보다도 빨리, 그리고 유연하게 방향을 전환하는 것이다. 뉴트럴 포지션으로 돌아가지 않고 새로운 방향으로 달릴 수 있게 될 것이다.

3) 멋진 풋 워크

세일에 바람을 받으면서 러닝 때와 같이 발을 이동시켜 바람이 불어가는 쪽으로 회전한다. 마스트에서 수면을 걷어차는 동작을 할 수 있으면 완벽하게 회전할 수 있다.

▌빠른 회전

양발을 뒤로 움직이면 움직일수록 보드의 뒷부분이 많이 잠기며 그곳을 축으로 회전이 빨라진다.

▌체중의 중심에 주목

발을 뒤쪽으로 움직이면 처음에는 보드가 물속에 잠기며 두려운 느낌이

들지도 모른다. 하지만 점점 보드 뒤쪽으로 이동할 수 있게 된다. 보드는 거의 그 축을 중심으로 회전한다.

발

오른발에 힘을 가하여 회전을 돕는다.

4) 회전을 유지한다

나가떨어지지 않게 회전 방향으로 기울인다. 상체는 똑바로 펴고 무릎을 구부려 유연하게 중심을 이동시킨다.

▌세일을 돌려 잡는다

보드가 재빨리 회전하여 새로운 쿼터-리(브로드 리치) 코스가 된다. 세일을 잡은 손을 놓고 마스트로 옮겨 세일을 돌려 잡는다. 세일에 바람이 들어가지 않는 상태는 가급적 짧게 하고 능숙하게 손을 옮겨 잡는다. 육상에서 세일만으로 반복 연습이 필요하다.

스탠스

여기서는 회전을 돕기 위해 순풍 쪽의 보드 가장자리에 중심을 많이 둔다. 발을 구부리고 아무 때고 세일링의 스탠스로 되돌아오게 한다.

5) 세일을 당긴다

세일을 잡은 손으로 붐을 잡고 똑바로 당기고 달린다.

손

회전을 멈추기 위해 마스크를 똑바로 세운다. 붐이 보드 머리 부분을 넘어 회전하면 세일을 잡은 손으로 잡는다.

▌보드를 평평하게 유지한다

양발을 앞으로 움직여 보드가 지나치게 풍상으로 돌아 올라가는 것을 방지한다. 발의 움직임에 의해 보드 머리 부분이 바람이 불어오는 쪽으로 회전하는 것을 멈출 수 있다.

♠ 자이빙 속도를 높인다

피벗
체중을 뒤에 두 면 보드의 끝이 어떻게 올라가는지 살펴보자.
이렇게 하면 회전 속도가 빨라진다.

5. 코스를 세일링한다

지금까지 배운 여러 가지 기술을 전체적으로 연습한다

이것으로 기본적인 기술은 모두 다 배웠다. 이제는 어느 세일링 포인트에서도 달릴 수 있고 태킹이나 자이빙도 할 수 있을 것이다. 나머지는 이제까지 배운 기술을 연결하고 연습에 의해 기술을 발전시켜 전체를 막힘없이 할 수 있게 하는 일뿐이다. 이를 위한 가장 좋은 방법은 코스를 돌아보는 것이다. 새로 배운 기술을 잘 결합하여 연습할 수 있고 코스를 달리는 것 자체가 즐겁다. 어느 코스에서나 할 수 있지만 바람이 역풍 쪽(풍상)으로 향하는 트라이앵글 코스가 이상적일 것이다.

♠ 클로스홀드

새로운 클로스홀드 코스로 방향을 바꾸려면 세일을 보드 뒤쪽으로 기울인다. 그러는 동안 대거 보드는 충분히 펴준다. 태킹에 들어가기 전에 속도가 충분히 나는지 확인한다.

▮ 순조로운 태킹

연습하면 태킹은 곧바로 익숙해진다. 유연하게 흐르는 듯한 움직임이 성공의 열쇠이다.

▮ 속도

세일은 센터라인 가까이에 둔다. 보드의 속도가 떨어진다고 느껴질 때는 너무 달려서 데드 존에 들어가고 있을 것이다.

▌태킹

바람이 불어오는 쪽의 목표지점에 접근하면 태킹을 생각하자. 자신이 목표점으로 삼은 곳까지 충분한 거리를 달린다. 그러나 필요 이상으로 달려선 안 된다. 조금만 연습하면 이 거리를 그때마다 완벽하게 판단할 수 있게 된다.

▮ 베어링 어웨이

목표지점이 있는 곳에서 베어링-어웨이 하여 쿼터-리 나 러닝에 들어간다. 처음은 중심을 잡기 위하여 대거보드를 내린 상태로 진행, 그러는 동안 특히 강풍일 때는 대거 보드를 발로 차서 올리는 편이 좋을지도 모른다. 초보 단계에서는 대거 보드가 약한 바람에서 밸런스 잡기가 안전하고 일정하게 지속시키면 보드가 무척 잘 움직인다는 사실을 알 수 있을 것이다.

자이빙

자이빙은 쉽지 않으므로 처음에는 천천히 충분한 여유를 두고 시작한다.

▌순풍 쪽의 러핑-업

쿼터-리(브로드 리치)나 비임-리치에서 클로즈홀드에 러핑-업 시켜야 한다.

세일을 보드의 뒷부분으로 이동하여보고, 회전이 제대로 되지 않으면 체중을 뒤발로 옮기고 보드의 뒷 가장자리를 가라앉혀 보자.

▌바람을 세게 받는 위치

이곳은 쿼터 리나 러닝으로 달릴 것이다. 확실히 러닝은 어려운 테크닉에 속하며 속도도 느린 편이지만 이런 기회를 이용해서 연습해 볼 만하다. 윈드서핑의 기술을 넓히고 가장 빠른 세일링 포인트를 찾아내기 위해 진로 변경을 해보면 어떻겠는가. 쿼터 리로 달려가 목표지점에서 어느 정도 거리가 확보되면 자이빙을 해보자.

6. 자기 보호

위급할 때 자신을 지키는 법

이제 제법 자신이 붙어 어려운 조건에서의 세일링을 피할 수 있을 것이다.

그러나 미처 욕심을 내기도 전에 무슨 일이 일어났을 때 기슭으로 돌아오는 테크닉을 연습해 두는 것이 좋다. 바람이란 갑자기 멈추고 갑자기 강해지기도 하므로 어떤 경우에도 절대로 보드 곁을 떠나서는 안 된다. 보드가 있으면 눈에 잘 띄고 물 위에 떠 있을 수도 있다.

구 조 신 호

손바닥을 펴고 머리 위로 팔을 쭉 뻗고 크게 좌-우로 흔든다.

리그(세일)을 떼고 물위에서 패들링 할 것

1) 확실하지 않을 때는

어려운 상황을 깨달으면 재빨리 상황 판단을 해야 한다. 성공을 확실할 수 있을 때만 보드만으로 기슭으로 돌아간다. 확신이 없으면 다른 사람에게 자기의 위기를 알리거나 세일과 보드를 분리하지 않고 있어야 한다.

장비의 파손이 생기지 않았을 경우는 어떠한 경우라도 보드와 세일의 분리를 시도해서는 안 된다. 특히 부력이 작은 펀보드의 경우 분리하는 순간 조류와 파도, 그리고 바람의 세기에 따라 자기가 원하는 방향으로의 패들링이 불가능하게 된다. 이 경우는 해변에 아주 가까운 경우의 방법이다.

헤엄치느냐 구조를 기다리느냐?

일단은 구조를 기다리면 정확한 상황판단을 한다. 구조를 기다린다고 해도 아무도 도울 사람이 없을 경우는 확신이 있을때만 패들링으로 돌아간다. 그렇치 않다면 보드와 세일을 분리하지 않고 해변으로 가까이 가는 방법을 생각하자. 절대 보드에서 떠나지 않도록 한다.

2) 세일을 푼다

육지에서 가까운 거리에 있다면 자기 몸을 지키기 위해 세일을 푸는 것이 제일 좋은 선택이다.

걸터앉는다

보드 위에 걸터앉아 대거 보드를 내린다. 이렇게 하면 안정되어 움직이기 쉽다.

먼저, 조인트를 뽑아 보드와 세일을 분리하고 세일을 분해한다.

아웃홀 라인을 푼다

아웃홀 라인을 풀고, 붐을 마스트에서 분리한다.

3) 세일을 만다

강습세일의 경우는 배턴을 빼고, 세일을 마스트에 돌려만다. 반드시 단단히 말도록 한다. 그렇지 않으면 패들링을 하는 동안에 풀려 버린다. 나중에 어려운 일을 당하지 않도록 침착하게 시간을 들여서 한다.

▌배턴의 관리

마스트슬립에 빠지지 않도록 정리 하여 넣는다.

4) 묶는다

아웃홀 라인 등의 남은 시트로 세일을 묶어 두면 패들링 할 때 풀리지 않는다.

▌아웃홀

붐 엔드에 붙어 있는 아웃홀 라인으로 세일을 묶는다. 이것으로 준비 완료

▌세일/ 붐

한데 묶은 세일과 붐은 조인트가 앞을 향하게 보드 위에 놓고 그 위에 엎드린다.

5) 육지를 향해

보드에 엎드리든가 무릎을 꿇고 패들링으로 육지에 돌아가자.

▌패들링

엎드리는 것이 더 편하게 빨리 나아갈 수 있다. 마치 크롤로 헤엄치듯이 길고 깊은 스트로크로 패들링(물을 긁는 동작)을 한다. 이 때 마스트 끝에 긁히지 않도록 한다.

다른 방법

▌편안한 방법

바람이 약할 때는 세일을 분해하지 않고 보드의 뒷부분에 균형을 잘 잡아 올려놓기만 해도 패들링을 할 수 있다.

7. 기초과정을 마친 후

숙련도를 높이기 위한 단계

기초과정에서는 연습이 무엇보다도 중요하다. 이 기초과정을 끝내면 자기의 실력을 높인다는 생각으로 반복연습을 계속하는 것이 좋다. 그러나 자기실력을 훨씬 초월하는 바람과 파도 상황에서의 세일링은 안 된다. 자기가 대처할 수 없는 상황에서는 세일링을 나가게 되어도 무의미하며 자칫 윈드서핑에 싫증을 느끼게 될 수도 있다. 이런 조건에서는 비치에 보드와 세일을 올려놓고 육상연습을 하는 것도 한 방법이다. 앞에서 익힌 세일핸드링을 반복 연습하는 것도 좋은 방법이기도 하다. 많은 사람들이 강풍에서 상급자들의 세일링만을 구경하는 경우가 허다하다. 이때 자신도 과감히 세일을 잡고 매달려 보기 바란다. 육상에서는 나도 고수의 모양새를 따라 할 수 있을 것이다. 친구와 함께 한다면 더욱 즐거울 것이다. 클럽에 들어가 세일링 하거나 같은 취미를 가진 사람들과 교류할 수도 있고 클럽의 회원에게서 기초과정에서의 소중한 정보를 얻을 수도 있다.

클럽을 선정한다

기초과정에선 전문적인 윈드서핑학교를 운영하는 클럽에 가입을 하면 좋은 환경과 보다 안정된 조건에서 윈드서핑을 즐길 수 있을 것이다. 우리나라에도 많은 곳에서 윈드서핑 클럽을 만날 수 가 있다. 클럽장을 중심으로 운영되는 곳과 회원들이 자주적으로 운영하는 클럽도 있다. 클럽에 따라 운영되는 방법과 제공되는 것이 크게 다르므로 클럽선택에 시간을 가지고 고르기 바란다.

윈드서핑 시합

기초과정을 마치고 나면 다른 사람들과 경쟁해 보고 싶어지거나 나의 실력을 알고 싶어진다. 어떤 수준에서도 경쟁은 좋은 숙달을 위한 지름길이다. 지역별로 윈드서핑협회가 있어 시도단위의 회장배나 전국규모의 대회 등 일년에 10여회 이상의 대회가 열린다. 클럽 중에도 이러한 대회에 적극적으로 참여하는 곳이 있으므로 관심을 가져볼만 하다. 경쟁을 좋아하는 사람은 실력을 쌓아 국내의 최고 레이서들이 겨루는 경주에 참가하는 길도 있다. 최근에는 프로와 함께 대회에 참가하는 큰 규모의 대회도 열리고 있으므로 세계적인 선수들의 세일링 모습과 그들과의 경쟁도 가능하다. 물론 그들의 세일링 모습만 보아도 환상일 것이다.

▌즐기기 위한 세일링

그러나 대부분의 사람들에게 윈드서핑의 매력은 넓은 바다를 마음대로 달리고 강한 바람과 파도에 도전하는 데에 있다. 무엇보다도 이러한 매력 때문에 주말이 되면 전 세계의 많은 사람들이 윈드서핑의 진수인 자유와 도전 정신을 즐기고 있다.

V. 윈드서핑의 세일링 상식

1. 바다에서의 세일링

파도와 조수에 강해지는 방법

강풍일 때 해상에서의 세일링은 호수의 경우와 완전히 다르다. 높은 파도와도 맞서야 하므로 초보자가 연습하기에 적합한 조건을 선택하여 충분히 배려하면서 바다를 대해야 한다. 반드시 다른 사람들이 세일링하고 있는 장소를 선택해야 한다. 세일링하는 사람이 있는 곳이 비교적 안전하다는 말도 되지만 만일의 경우에 도움을 받을 수도 있기 때문이다. 하지만 기본적인 테크닉을 배우는 데에 가장 좋은 조건은 잔잔한 해수면과 적당한 바람이 불어주는 잔잔한 내해라는 사실을 부디 잊지 말기 바란다.

웨이브 보드

해상에서 세일링을 즐기는 사람을 위해 특별히 설계된 웨이브 보드가 있다. 매우 높은 조작성과 높은 파도에서의 스릴을 특징으로 하는 이 보드는 상급자에게 적합하다.

쇼어 브레이크

쇼어 브레이크는 기슭 가까이에서 급격하게 커졌다가 무너지는 파도이다. 파도가 높을 때에 가장 문제가 되는 것은 해안에서 어떻게 출발하느냐이다. 밀물일 때 파도는 해안 가까이에서 급격히 커졌다가 무너지는 일이 많아 론칭이 매우 어렵다. 썰물이 시작되면 물가 모래의 얕은 곳은 평탄하여 론칭이 비교적 쉽다.

시간과 조수의 관계

조수는 달의 인력과 그다지 크지는 않지만 태양의 인력에 의해서 일어난다. 조수는 파도의 고저뿐 아니라 해안에 따라 흐름이 있다. 우리나라 서해의 경우 간조시 해안선의 물이 많이 빠져 세일링 후에 가끔은 100m이상을 걸어서 돌아오는 경우도 생긴다. 조류의 방향이나 강도에 특히 주의하자.

▌조류

조수의 간만에는 6시간 이상이 걸린다. 전체를 1-6까지로 보았을때, 시간 1.2 에서는 전체 수량의 3/12(25%)만이 움직이므로 조류는 약하다. 시간 3.4에서는 물 전체의 6/12(50%)이 움직인다. 그래서 가장 강한 조류가 된다. 조수가 반대 방향으로 흐르고 있을 때는 출발지점에 돌아가기가 어렵다. 조류는 수심이 깊은 곳. 즉 곶의 주변에서 가장 세다.

▌한사리와 조금

한사리가 되는 것은 지구, 달, 태양이 일직선으로 줄지어 있을 때이다. 지구, 달, 태양이 직각의 위치에 있는 조금에 비하면 한사리의 경우는 조수의 차이가 크고 높은 파도가 밀어닥쳤다가 멀리까지 빠져나간다.

▌조수의 사이클

조금 때에 조류의 속도는 한사리 때의 약 절반이 된다. 한사리는 보름과 초승달 직후에 일어나므로 그 간격은 2주일 이상이다. 그 사이에 조금이 된다.

▌세일링 장소

바람을 고려하여 세일링 장소를 선정한다.

비록 바람의 조건이 완벽하더라도 장소를 잘못 선정하면 세일링의 즐거움이 헛되이 되어 버린다. 또 풍향에 다라 세일링에 알맞은 장소가 달라진다. 바람이 기슭과 평행으로 불거나 바람이 바다에서 기슭을 향해 비스듬하게 부는 장소를 찾도록 한다. 이런 장소라면 론칭이나 랜딩도 쉽고 사고가 발생해도 해안으로 돌아올 수 있을 것이다.

기슭에서 바다를 향해 부는 오프-쇼어 일 때는 구조보트가 없는 상황에서의 세일링은 피해야 한다. 해변 부근의 수면이 조용해 보이기 때문에 속기 쉬운데 막상 앞바다에 나가면 파도와 바람이 거칠어진다. 바람이 바다에서 기슭을 향해 똑바로 부는 온 쇼어 대는 비교적 안전하지만 론칭은 쉽지 않다. 바람으로 일어나는 비교적 높은 파도가 일어 기슭을 떠나기가 어렵다

▮ 윈드서퍼가 많으면 안전하다

윈드서퍼가 많으면 세일링을 하기에 가장 좋은 곳이라는 증거가 된다. 그러나 반드시 그 사람들의 역량에 주목할 것. 울산의 진하같은 곳은 우리나라 최고의 명소이지만 계절에 따라 초보자에겐 약간은 강한 바람이 불기도 한다.

2. 세일링 시간

세일링에 가장 적합한 시간, 컨디션, 환경

세일링하는 시간을 선택하는 것은 장소의 선택과 마찬가지로 중요하다. 여러 가지를 고려하여 시간을 정해야 한다. 이를테면 자기의 실력, 바람의 세기, 조수의 상태, 그리고 기타, 다른 개인적인 조건 등이다.

▮ 바람

우리나라의 바람은 봄·여름의 남서 남동풍과 가을 겨울의 북동 북서풍이 대표적이다. 동해의 경우 봄·여름의 바람이 최상의 조건을 보이고, 가울·겨울의 경우 서해안의 바람이 좋은 조건을 보인다. 우리나라의 지리학적 조건이 남과 북으로 길게 해안선이 이어져 있으므로 바람의 조건이 정반대의 상황을 보이고 있다. 앞에서 언급한 바와 같이 해안선을 따라 부는 바람이 윈드서핑에 가장 적합한 바람이다. 윈드서핑을 가장 많이 하는 여름철의 바람은 오후 늦게는 한점의 바람도 불지 않는 경우가 많으므로 주의를 하여야 한다. 이런 경험상의 기본 규칙은 날씨에 따라 바뀌어 버리는 경우가 많다. 그래서 세일링 시간을 정할 때에는 일기 예보를 참고로 해야 한다. 온종일 세일링할 수 있을 때는 자기 실력에 알맞다고 여겨지는 상태의 시

간을 선택하도록 한다.

초보자는 자기 실력을 능가하는 상태에서의 세일링은 피해야 한다. 그런 상황에서는 세일을 조작하느라 악전고투하면서 초조해 할 뿐만 아니라 사고가 날 가능성이 크므로 특히 주의를 하여야 한다.

▌조수

해안에서 세일링할 때는 조수의 상태도 고려해야 한다. 밀물 때는 해안에서 멀어지지는 않지만 파도가 쳐서 론칭이 어려운 경우도 있다. 대개 밀물 때에 표류물이 파도를 타고 해안으로 떠밀려 오는 일이 많다. 썰물일 때는 이런 문제가 없다. 그러나 장소에 따라 조수가 아주 멀리까지 빠져나가 세일링하기 전에 물가까지 걸어가느라 지쳐 버리는 일도 있다.

▌건강상태

모든 조건 중에서 가장 중요한 것은 자신의 건강상태이다. 배불리 먹은 후에는 세일링을 삼가야 한다. 또 알코올을 마시면 육지에서도 균형을 잡기가 어려운데 바다 위에서는 더욱 무리일 것이다. 세일링 전에는 충분한 준비운동과 휴식을 번갈아가며 세일링에 임해야 한다.

3. 일곱 가지 안전상식

안전을 위한 조언

시작하기 전에 조금만 생각을 더 깊이 하면 윈드서핑을 최대한 안전하고 재미있게 즐길 수 있다. 안전 세일링의 가장 기본적인 규칙은 다음 일곱 가지로 나눌 수 있다.

1) 장비는 세일링에 적합한가?

모든 장비를 최상의 상태로 보관해두어야 한다. 바닷물에서는 염분의 작용으로 장비의 노후화나 파손이 심하다. 특히 로프나 조인트 및 붐의 부품에 신경써야 한다. 로프의 경우 조금이라도 마모된 것이 확인되면 새것으로 바꾸어 둔다.

2) 먼 바다에서의 세일링 시 동료에게 가는 장소와 돌아올 시간을 말해 둔다

돌아왔을 때에는 잊지 말고 보고한다. 클럽에서 활동 중인 서퍼들의 경우 클럽장에게 항상 세일링의 시작과 끝을 보고한다.

3) 그 지역의 일기 예보를 조사해 둔다

썰물 시간을 확인하여 세일링하는 장소에 미칠 조수의 영향을 고려한다, 조금이라도 문제가 있으면 중지한다. 좋은 세일링 장소는 바람이 센 곳이 아니라 적당한 바람과 안전한 주변 환경이 같이 어우러진 곳이다. 상급자에겐 바람까지 불어준다면 금상첨화일 것이다.

4) 일반적인 컨디션으로 세일링할 수 있는가?

자기가 조작할 수 있는 세일을 사용한다. 자기의 역량을 판단하여 의심스러울 때는 나가지 않는다. 그 지역을 잘 아는 사람들이 피하는 조건에서는 가급적 세일링을 자제하라.

5) 친구와 함께 가자

어려울 때는 서로 돕는다. 그러나 자기도 위험에 빠질 상황이면 자신보다 구조에 뛰어난 동료에게 먼저 연락하라. 자칫 같이 위험에 빠지는 경우가 생긴다.

6) 물살이 셀 때, 오프 쇼어일 때, 예감이 좋지 않을 때는 피하자

조류가 많이 흐르거나 바람이 육지에서 바다로 부는 날은 자칫 육지로 돌아오지 못하는 경우가 있다. 구조선이나 주변의 동료 세일러가 있다면 모를까 그렇지 않다면 혼자 하는 세일링은 가급적 피하라. 특히 숏-보드라면 자신의 실력을 충분히 생각하여 세일링 하기 바란다.

7) 바다에서 생활하는 사람들에 대해 생각하자

많은 사람들이 바다를 삶의 터전으로 삼고 있다. 바다에서 작업 중인 해녀나 어장에서 작업 중인 사람들에 대해 충분히 배려해야 한다. 간혹 해녀들이 작업 중인 곳에서 세일링을 하다 해녀들과의 마찰이 생긴다. 이때는 충분한 사과와 함께 그곳에서 벗어나서 세일링을 해야 한다.

4. 해로 규칙

윈드서핑의 에티켓과 안전을 위한 기본적인 해상 규칙

바다는 윈드서핑과 같은 레저뿐 아니라 해상교통수단이나 물자운반 등으로 많은 사람들이 바다를 이용하고 있다. 바다에 있는 것은 당신만이 아니다. 다른 사람들도 당신과 마찬가지로 거기서 일을 하거나 즐길 권리가 있음을 잊지 말아야 한다. 모든 선박은 '해상 충돌 예방법'에 따르지 않으면 안 된다. 이것은 해상에서의 교통 규칙에 해당하는 것으로 세계 어디에서나 적용된다. 기본적으로 동력을 사용하는 동력선은 비 동력선인 윈드서핑을 피해야 한다. 그렇다고 윈드서핑이 주의를 소홀이 한다면 두 사람 모두에게 큰 피해가 이어질 것이다. 서로 주의 하며 배려하는 것이 규칙이나 법령보다 우선한다는 것을 명심하길 바란다. 일반적으로 윈드서핑을 세팅하는 육상이나 해상에서도 될 수 있는 한 다른 사람에게 방해가 되지 않도록 하는 것이 원칙이다. 바다에서는 끊임없이 다른 배나 해수욕객에 주의해야 한다. 규칙에 우선하여 상급자는 하급자를 배려하여 만일의 사고에 미리 대처하길 바란다. 정말 초보자라면 규칙을 안다고 하더라도 피할 만큼의 실력을 갖추지 못하였을 것이다.

▌항로권

"동력선은 범선(윈드서핑과 요트를 포함)에 길을 양보해야 한다"고 옛날부터 말하고 있지만 대형선박이 윈드서핑에게 길을 양보해 주리라는 생각은 오산이다. 이것은 같은 규모의 두 배가 만났을 때에만 적용된다. 키나 엔진이 달려 있지 않으나 윈드서핑은 바다 위의 어떤 배보다도 빠르다. 세일링은 즐기기 위한 것이다. 장난으로 대결하는 짓은 피하기 바란다.

▌기본규칙

여기에 설명하는 세 가지 기본 규칙이 있다. 이 규칙으로 두 척의 세일 보드가 만났을 때에 일어날 수 있는 상황은 거의 해결할 수 있다. 사고가 일어나는 것은 대게 윈드서퍼가 어느 쪽이 길을 양보해야 하는가를 모르는 경우이다.

▌상반되는 택의 경우(Rule 10조)

상반되는 택에서는 포트 택(좌현에 바람을 받고 달린다)의 세일 보드가 스타보드 택(우현에 바람을 받고 달린다)의 세일 보드에 길을 양보한다.

이해하기 쉽게 보드의 앞머리에 오른손이 오면 **스타보드-택**, 왼손이 앞쪽이면 **포트-택**이라고 이해하자.

■ 동일 택의 경우

- 오버랩 된 경우(Rule 11조)

같은 방향으로 세일링 중인 보드의 경우 풍상배는 풍하배를 비켜주어야 한다.

- ■ 풍상정 : 바람이 불어오는 쪽에 위치한 배
- ■ 풍하정 : 바람이 불어가는 쪽에 위치한 배

- 오버랩 되지 않은 경우(Rule 12조)

같은 방향으로 세일링 중인 보드의 경우 선미정은 선두정배를 피해서 가야 한다.

- ■ 선미정(클리어 어스턴 배) : 같은 택의 두 척이 범주하고 있을 때 뒤의 배
- ■ 선두정(클리어 어헤드 배) : 같은 택의 두 척이 범주하고 있을 때 뒤의 배

앞지르기

다른 보드를 앞지르고 싶을 때는 반드시 일정 거리를 둔다. 너무 접근하여 앞지르기를 하면 앞선배에게 바람을 빼앗기거나 앞선배의 바람을 막는 경우가 발생하여 자칫 넘어지면서 부딪치는 사고를 낼수 있다.

어떤 택?

재빨리 판단한다

규칙이 이해되면 다음은 자기가 스타보드 택인지 포트 택인지 빨리 판단해야 한다.

스타보드 택

오른손이 마스트에 가깝고 바람이 오른쪽 어깨 너머로 불 때는 스타보드 택으로 세일링 한다.

▌포트 택

포트 택에서는 왼손이 마스트에 가깝고 바람은 왼쪽 어깨 너머로 분다.

5. 강 풍

바람이 셀 경우 세일링 방법과 그것을 즐기는 법

강풍이 불 때는 집중력과 뛰어난 테크닉이 세일링의 요점이다. 모든 일이 아주 빠르게 일어나므로 체중을 전부 사용해서 커진 세일의 힘을 조절할 수 있는 자세를 취해야 한다. 즉 이 테크닉을 마스터하면 모든 체중을 세일에 두고 매달리는 자세가 된다. 강풍이 불 때의 윈드서핑은 정말 다이나믹한 기분을 맛볼 수 있다.

▌스탠스

뉴트럴 포지션 상태에서 세일을 충분히 당기고 바람이 셀 때 밸런스 포인트로 가져가야 한다. 미풍보다 많이 보드의 뒤로 이동하게 된다. 보드의 중심선에서 풍상쪽(바람받는 등뒤쪽)으로 이동하며 보드의 뒷 부분으로 발을 옮겨 놓는다.

▌세일을 당긴다

팔을 똑바로 뻗는다. 당기기 전에 손의 위치는 바른지 확인한다. 강풍시는 바람받는 세일의 중심에 손의 위치를 가져가야 한다. 그러지 아니하면 자칫 뒷손에만 힘이 들어가는 경우가 생긴다. 양손에 같은 양의 힘이 전달되도록 하고, 손을 뻗어 체중을 충분히 팔에 실어야 한다.

▌매달린다

힘이 증가함에 따라 세일과 반대쪽에 앉아 체중을 세일에 둔다. 충문히 체중을 이용하지 못하면 세일에 받는 힘에 딸려 앞으로 세일을 놓치게 된다. 이때는 세일에 받는 바람을 놓았다가 충분한 체중을 실어서 다시 당긴다. 이때 마스트는 가급적 똑바로 세워야 한다. 세우지 못하면 세일을 안고 넘어지는 경우가 종종 생긴다.

▌발의 위치

당기기 전에 세일에 받는 풍압의 증가를 고려하여 보드의 뒤쪽으로 멀리 이동한다. 물론 보드의 중심선에서 가장자리로 같이 이동함을 잊지 말아야 한다.

돌풍을 정복한다

▌팔

느슨하게 잡고 뻗은 채로 잡고 있는다.

▌발

역풍의 가장자리가 힘에 의해 들리므로 앞발로 버틴다.

■ 머리

시선은 항상 진행 방향을 보면서 돌풍을 포착한다.

돌풍이 보이면 항상 몸을 세워 세일에 받는 바람의 힘을 조절하도록 대비해야 한다. 미리 대비치 못하면 바람의 힘에 세일을 안고 앞으로 넘어지게 된다.

■ 바람과 함께

이 이상 세일을 열지 않고 돌풍을 통과시킨다. 힘은 속도를 내기위해 사용한다. 세일은 끌어당긴 채 필요에 따라 중심을 이동한다.

■ 허리

돌풍이 불 때 허리를 움직여 중심을 이동시킬 수 있다.

■ 스탠스

세일을 너무 당기지 말고 똑바로 유지하며 될수록 넓게 바람을 접하게 한다. 그렇게 함으로써 힘을 충분히 이용할 수 있다. 크게 밖으로 바람과 반대 방향으로 몸을 젖힐 때는 몸과 세일의 간격을 주목한다.

■ 스탠스를 바르게 한다

바람의 강도가 약간 바뀐 정도는 몸을 똑바로 세우기만 해도 대응할 수 있다.이 의미는 몸을 세우면서 바람의 양을 적당히 조절한다는 의미이다.

■ 돌풍이 지난 뒤

바람이 멎으면 허리를 세일 쪽으로 내민다. 무릎과 팔을 구부려 붐 아래까지 접근한다. 중심은 센터라인으로 옮겨놓는다. 바람에 대응하여 충분히 버틴 후 약해지는 풍압에 적절히 대응하기 위하여 체중을 보드의 중심쪽으로 움직여야 한다.

6. 보드를 사려면

보드와 세일의 종류

현재 여러 종류의 윈드서핑 보드가 판매되고 있다. 그러나 세일링하는 장소, 시간, 세일러의 신장, 그리고 예산 등을 고려해서 자신에게 적당한 보드를 선택해야 된다.

최상의 선택은 주변 상급자의 조언을 듣고 클럽장과 의논하여 구입하는 것이 좋을것이다. 물론 같은 종류의 보드라도 상품의 회사에 따라 확연히 틀린 디자인과 성능을 가지고 있다.

▌보드(Board)

부력이 클수록 보드는 더 많은 중량을 지탱하고 바람이 약할 때 더 좋다. 물론 체중이 무거운 사람일수록 부력이 큰 것을 사용해야 한다. 반대로 체중이 가볍거나 여자의 경우 가벼우며 자신의 체중에 맞는 적당히 작은 보드도 권할만하다.

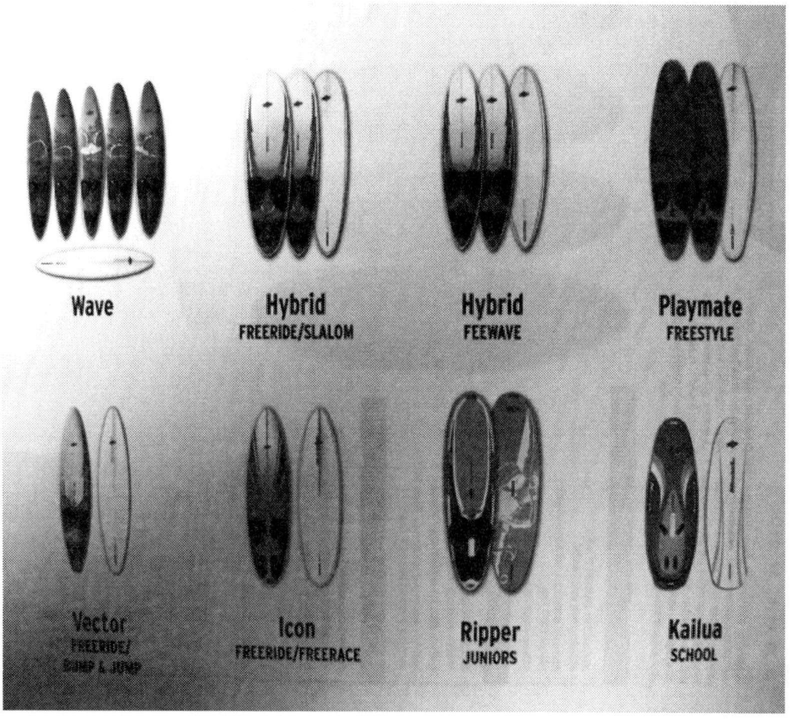

▌올라운드 펀 보드

길이 3m 이상의 보드로 적당한 부력을 가지고 있어 윈드서핑을 재미로 즐기는 서퍼들이 주로 사용. 2000년 초반까지 여성들과 가벼운 윈드서퍼들의 최고의 보드였다. 현재는 새로운 보드의 개발로 올라운드 펀 보드의 생산이 중단되었으며 이것을 대체하는 보드로 3m이하의 폭이 넓은 와일드-바디 보드가 생산되고 있다.

▌슬라롬(Slalom)

길이 3m(91/2ft)이하. 약 160리터에서 80리터 수준까지 선수들과 스피드를 즐기는 동호인들이 즐겨 사용한다. 바람이 적당세기 이상(5-6m/sec)일때 세일링이 가능하다.

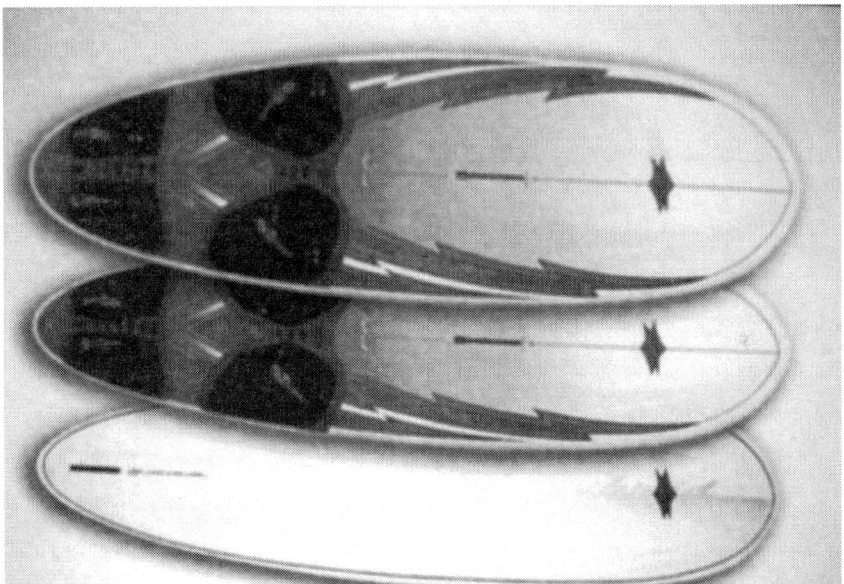

같은 슬라럼 보드에도 프리라이더(Freeride)형과 프리레이스(Freerace)형등 2-3가지의 약간의 서로 다른 기능을 보이는 보드들이 있다.

프리라이더의 경우, 단순히 윈드서핑을 즐기는 사람들이 손쉽게 이용하는 보드인 반면, 프리레이스의 경우 즐기면서 아마츄어경기에서 스피드와 회전성을 겨루고자 하는 동호인들이 선택하는 보드이다. 여기에 프로나 선수급의 동호인들이 이용하는 핸드메이드형의 보드나 무게를 최소화하여 만든 프로형 슬라럼 보드가 있다.

예전의 폭이 좁고 어느정도의 길이가 있는 보드에서 지금은 폭이 넓어지며 길이가 짧아진 보드가 주류이다. 이러한 변화는 바람의 변화폭에 넓게 반응하기 위한 방법의 일환이다.

웨이브(Wave) 보드

높은 파도와 거친 해면에 적응되도록 보드의 앞부분과 뒷부분이 날렵하게 만들어진 보드이다. 강한 바람과 높은 파도에서 움직임이 좋아야 하므로 적은 부력과 점프나 파도타기에 적당하도록 작은 스케그와 넓은 풋스트랩이 만들어져 있다.

커스텀(Custom) 보드

이 보드는 세일러의 체중과 신장, 발 크기 등 개인의 취향에 따른 주문으로 만든다. 디자인은 슬라롬 레이스, 스피드 세일링, 웨이브 세일링 등에 따라 달라진다.

고가의 가격으로 프로선수나 극히 일부 동호인들이 사용하고 있다. 지금은 일반인에 판매되는 보드도 커스텀보드 공법을 채택하여 거의 흡사하게 제작되는 배들이 많다.

대부분의 보드가 하와이의 마우이 섬에서 만들어진다. 이곳은 프로선수들이 모여 보드의 테스트나 촬영, 자신의 보드개발을 위해서 많은 시간을 보내는 곳이며 세계 최고의 윈드서핑 사이트이다.

세일(Sail)의 종류

세일은 여러 가지 바람이나 파도의 조건에 맞추어 디자인되어 있다. 그러나 보드에서 높은 성능을 끌어내기 위해서는 역시 크기가 중요하다.

바람에 맞는 적당한 크기의 세일을 선택하는 것 역시 실력이다.

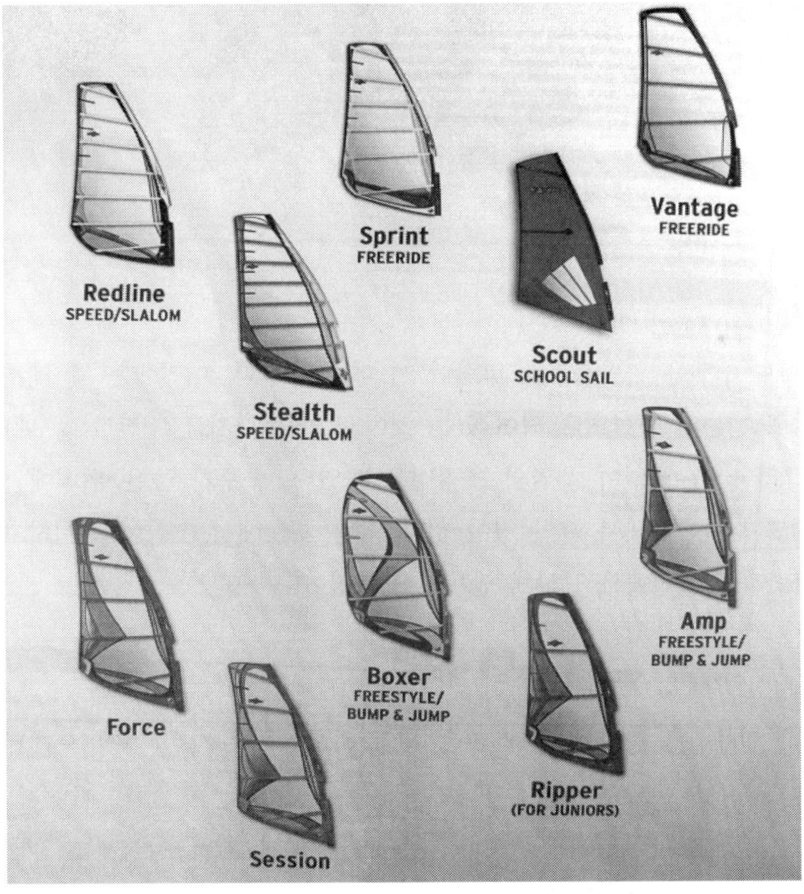

▌레크리에이션 세일

일명 강습용 세일이다.

처음 세일링을 시작하는 사람에게 가장 적합한 세일이다. 배턴의 수를 줄여 세일의 무게를 줄이고 조정성이 용이하게 만든 세일로 초보자에게 최상의 세일이다. 보통 크기는 자기가 가장 세일링 하기에 좋다고 생각되는 조건에 따라 결정한다.

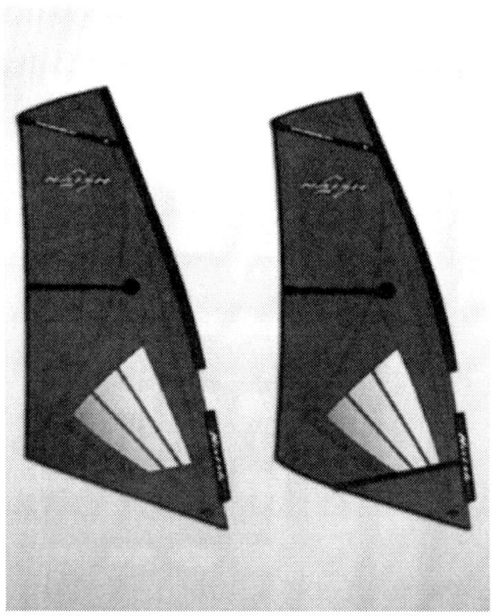

▌웨이브(Wave) 세일

웨이브 세일은 일반적으로 바람이 셀 때 사용한다. 이전에는 풀 배튼 또는 하프 배튼의 옵션으로 되어 있는 것이 많았으나 지금은 전부 풀 배턴이다. 그리고 캠이 없이 세일의 조작성을 높였다. 클루가 높은 위치에 있어 붐 엔드가 물속에서서 끌릴 일이 없다. 높은 파도에서 조작이 용이하고 강한 바람과 악조건에서 강하게 만든것이 특징이다.

▌레이스(Race) 세일

캠버 인듀서를 장치한 이 세일은 세일 과학화를 구사한 가장 오래된 세일이다.

강한 바람에도 세일의 모양이 흐트러지지 않게 캠버가 적게는 3개부터 많게는 배턴에 전부 다 캠버가 있는 세일도 있다. 마스트에서 부딪히는 바람의 굴곡을 원활히 하기 위하여 배턴의 앞은 부드럽게 뒤는 강하게 만들었다. 일반적인 세일보다 배턴의 개수가 많으며 세일면의 세로 박음질도 줄였다. 그러나 많아진 배턴이나 캠버의 개수로 레크리에이션용이나 초보자용으로는 무겁고 세일에 받는 바람의 파워가 강하여 사용이 어렵다. 스피드를 즐기는 사람이나 강한 바람에 익숙해진 사람에게는 최상의 파워를 줄 것이다.

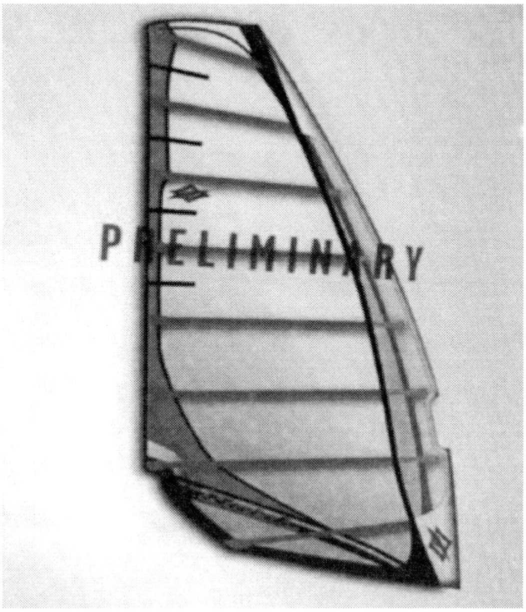

▌캠버 인듀서

플라스틱의 특별한 부속 장치로 배튼의 끝을 여기에 꽂는다. 넓은 마스트슬리브를 받치고 바람을 잘 흐르게 한다.

7. 로프 묶는 법

다섯가지 기본적인 방법

로프를 묶는 방법과 여유분의 로프를 정리하여 감는 방법은 반드시 알아 두어야 한다. 목적에 따라 묶는 방법이 다르므로 그때그때의 상황에 맞게 묶는 방법을 달리해야 한다. 또한 빠르고 단단하게 묶을 수 있어야 한다.

8자 매듭

붐 엔드에 맨 시트가 빠지지 않도록 끝을 8자로 살짝 묶는다. 이때 매듭을 지어서는 안된다.

하중이 실리면 더욱 조여져서 풀리지 않기 때문이다.

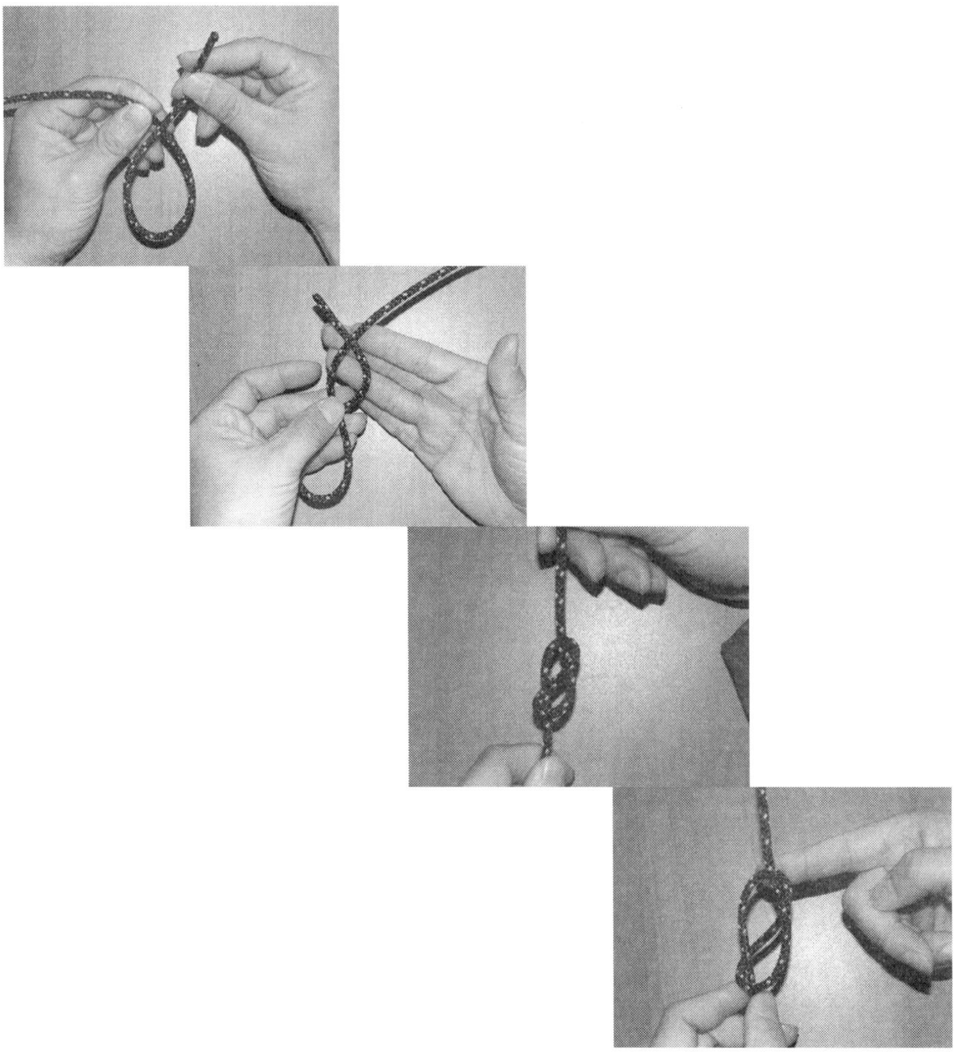

▌투 하프 히치

로프를 붐이나 마스트에 맬 때 안전한 방법이다. 보드를 부교나 라인에 묶어 둘때 가장 적합하다.

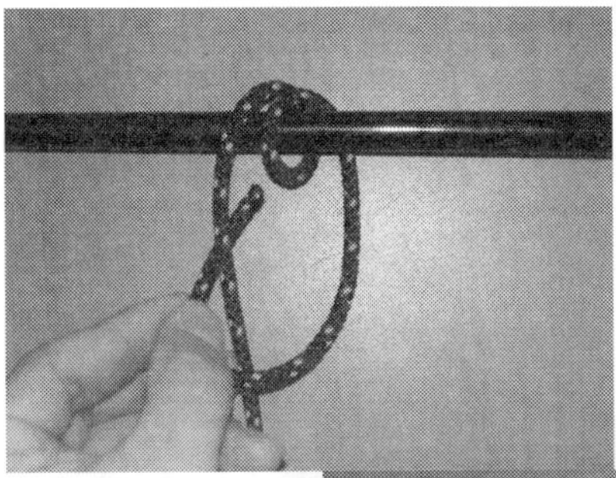

시트 벤드

길이가 다른 두 가닥의 로프를 묶을 때 굵은 쪽 로프에 고리를 만들어 코일 모양으로 감는다. 이때 고리의 크기가 같아야 한다. 고리를 하나 만들 때마다 반쯤 꼬아 두면 매끈하게 맬 수 있다.

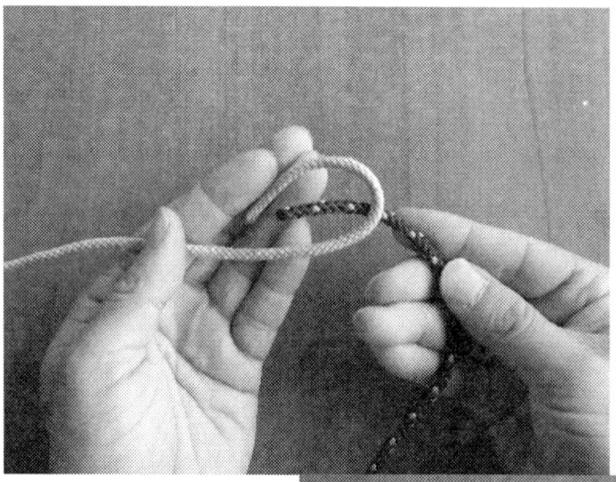

바우 라인(고리 매듭)

로프 끝에 고리를 만들 때나 로프를 링이나 기둥에 맬때 사용된다. 윈드 서핑에서 가장 많이 사용되는 매듭이다. 하중이 실리면 풀리지 않을 수 있으므로 마지막 매듭이 약간 여유가 있게 하여야 한다.

▌로프 정리법

다운-홀 라인이나 아웃-홀 라인을 당기고 나면 남는 여분의 줄이 있다. 이것은 세일링 중에 자칫 사고의 위험이 있으므로 붐이나 익스텐션에 있는 여유의 공간에 정리를 하여 풀리지 않게 하여야 한다. 이때 쉽게 풀 수 있도록 마지막 매듭을 하여야 한다.

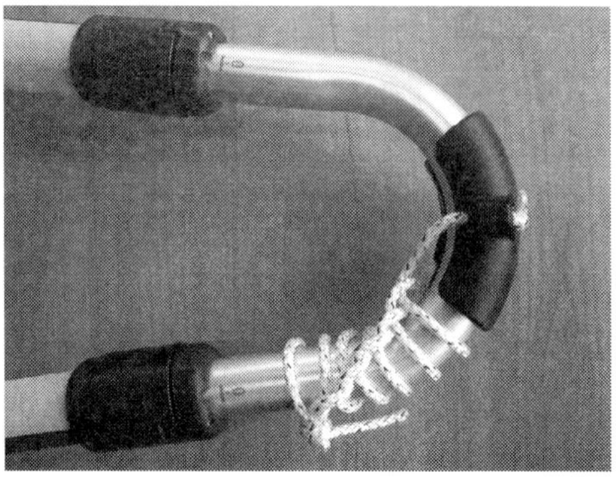

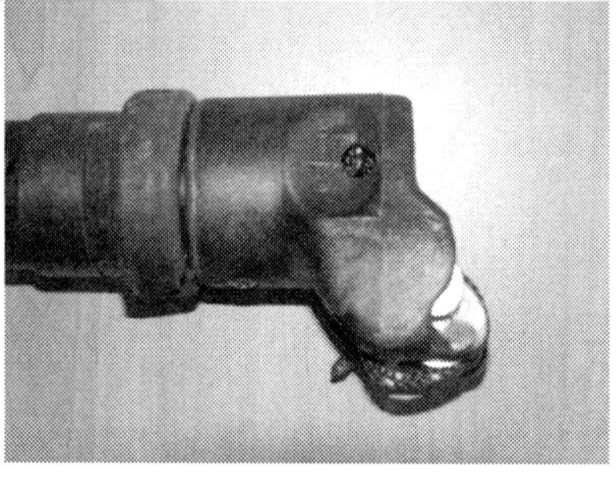

VI. 용어 해설

겉보기 바람(Apparent wind) 실제의 풍향과 세일링에 의한 진행풍이 합쳐져서 생긴 바람.

뉴트럴 포지션(neutral position) 바람과 보드가 직각, 세일과 보드가 직각인 안정된 포지션.

다운 윈드(Down wind) 바람이 불어가는 쪽으로.

다운홀-라인(Downhaul-line) 세일을 마스트 아래로 당기는 시트, 또는 다운홀 라인을 사용해서 세일을 가로로 당기기 위해 조정하는 것.

대거 보드(Dagger board) 보드의 중앙에 꽂는 커다란 핀. 상하로 움직여 보드가 옆으로 흐르는 것을 막아주고, 보드 벨런스를 잡아준다.

데드 존(Dead zone) 바람이 불어오는 쪽으로 바람의 중심 좌우 약45도에 이르는 범위. 여기에 들어가면 바람을 받지 못하여 힘을 잃고 전혀 세일링을 할수 없다.

덱(Deck) 보드의 윗부분.

드레그(Drag) 수중에서의 배의 저항.

라이딩(Riding) 보드를 파도에 얹어 스피드를 증가시키는 세일링

라이프 재킷(Life jacket) 물 속에서 부력이 생기는 구명 조끼.

러닝(Running) 바람이 진행방향의 정 후면에서 불어올 때의 세일링 포인트.

러핑 업(Luffing up) 보드의 머리 부분을 바람이 볼어 오는 쪽으로 돌리는 것.

론칭(launching) 보드를 물에 띄우는 것.

리그(Rig) 세일, 마스트, 조인트, 붐으로 이루어지는 부분.

리치(Leech) 세일 톱과 아울홀을 잇는 선.

리웨이(Leeway) 보드의 앞머리가 향하고 있는 곳과 실제로 나아가고 있는 방향의 각도 차.

리쉬-코드(Leash cord) 조인트가 벗어졌을 때 리그를 매어 두는 시트 또는 고무 끈.

마스트(Mast) 세일을 받치는 수직으로 된 돛대.]

마스트 슬리브(Mast sleeve) 세일의 앞부분에 잇는 마스트를 꽂는 긴 주머니 모양의 것.

마스트 트랙(Mast track) 보드 위에 잇는 움직이는 레일. 조인트를 여기에 꽂아 앞뒤로 이동시킨다.

마스트 풋(Mast foot) 마스트 밑을 받쳐주는 부품.

바람 축 바람이 불어오는 쪽과 바람이 불어가는 쪽을 연결한 가상선.

바우 아이(Bow eye) 보드 전체에 붙어 있는 끈을 꿸 수 있는 고리. 구조될 될 때는 여기에 끈을 매어 당긴다.

배튼(Batten) 세일의 모양을 갖추기 위해 꽂는 수직 막대기. 길이는 세일의 디자인에 따라 달라진다.

밸런스 포인트(Balance point) 달리기 전에 리그를 끌어당기는 포지션. 이 포인트에서는 리그의 무게를 느끼지 않는다.

보드(Board) 세일러와 리그를 지탱하는 부력이 잇는 평평한 판자.

포트 택(Port tack) 보드의 옆으로부터 바람을 받아 달리는 상태. 마스트 손은 왼손.

비포트 풍력급(Beaufort scale) 바람의 세기를 그 물리적 영향과 관련시켜 나타낸 시스템.

붐(Boom) 긴 타원형으로 세일조립 부품으로 세일을 지탱하고 리그를 조절하는 데에 사용된다.

붐 엔드(Boom end) 붐의 끝 부분

붐 조(Boom jaw) 붐의 앞 끝 마스트와 접합 부분.

사이드 쇼어(Side shore) 기슭에 평행으로 부는 바람.

세일(Sail) 돛을 말한다. 세일에 바람을 받아 보드가 앞으로 나아간다.

세일링 포인트(Sailing point) 세일링하는 여러 방향.

세일 손(Sail hand) 세일 부분의 붐을 잡았을 때 마스트에서 멀리있는 손

세일 업(Sail up) 세일을 수면에서부터 끌어올려 세우는 것.

세일을 연다 힘을 줄이기 위해 붐의 세일을 잡은 손으로 세일을 늦추는 것

센터라인(Centerline) 보드의 머리 부분에서 고리 부분으로 보드의 한가운데를 달리는 가상 라인.

스타보드 택(Starboard tack) 보드의 머리 부분을 향해서 보드의 오른쪽에 바람을 받고 세일링하는 것. 해상에서 서로 다른 방향의 보드가 만났을 경우 권리정이다.

스케그(Skeg) 보드의 고리 부분 하부에 붙은 작은 핀으로 보드의 직진을 위해 꼭 필요한 것.

아웃홀 라인(Outhaul line) 세일과 붐 엔드를 고정 하기 위한 줄. 또는 아웃홀 라인을 사용하여 세일 옆의 당김을 조정하는 것.

업홀 라인(Uphaul line) 세일을 물 속에서 끌어올릴 때에 사용하는 굵은 로프.

에지(Edge) 보드 테두리의 모서리 부분.

오프 쇼어(Off shore) 육지에서 바다로 부는 바람

온 쇼어(On shore) 바다에서 육지로 부는 바람.

윈드 어빔(Wind abeam) 바람이 보드의 센터라인에 대해 90도로 불고 있을 때의 세일링 포인트.

인홀 라인(Inhaul line) 붐을 마스트에 달기 위해 사용하는 줄.

자이빙(Gybing) 스피드를 떨어뜨리지 않고 보드의 머리부분을 바람이 불어가는 쪽으로 방향을 전환하는 법

조인트(Universal joint) 보드와 리그의 접속 부품, 마스트 베이스와 조인트 베이스로 이루어진다.

진행풍 전진에 의해 앞에서 불어오는 바람.

쿼터 리(Quarter lee) 바람의 센터라인에 대해 후방의 대각선 방향에서 불어오는 세일링 포인트.

클로즈 홀드(Closehauled) 데드존에서 되도록 가까운 곳을 달리는 세일링 포인트

클루(Clew) 세일의 붐 엔드 부분.

클리트(Cleat) 시트 위크를 사용하지 않고 로프의 끝을 꽂는 밧줄걸이.

태킹(Tacking) 보드의 머리부분을 바람이 불어오는 족으로 돌리는 방향전환법.

테일(Tail) 보드의 후단부.

트림(Trim) 보드나 세일을 조절하는 것.

포트 택(Port tack) 보드 머리 부분을 향해서 보드의 좌측(포트에 바람을 받아 세일링 하는 것)

풋(Foot) 세일 아랫부분.

풋 배튼(Foot batten) 세일의 풋 모양을 갖추는 배튼.

풋 스트랩(Foot strap) 강풍일 대 발을 보드에 고정시키는 데에 사용하는 제거할 수 있는 벨트.

풍압 중심 세일에 다라 생긴 힘의 대부분이 집중되는 것으로 생각되는 세일 위의 포인트

플레이닝(Planing) 강풍 시 보드의 앞부분을 올리고 파도 위를 빠른 속도로 미끄

러지듯이 나아가는 것.

피벗 포인트(Pivot point) 보드가 회전하는 중심점. 이것은 바람이 세게. 보드 위에 있는 세일러의 위치 증 갖가지 변수와 관련하여 변한다.

하네스(Harness) 강풍일 대 붐을 당기기 위해 사용하는 안전벨트. 에너지를 절약할 수 있다.

하네스 라인(Harness line) 붐에 조립한 시트로 여기에 하네스의 고리를 건다.

헤드(Head) 세일의 정점.

힐(Hill) 항해중인 배의 경사도.

VII. 여러 가지 수상스포츠

래프팅

여럿이 함께 강을 유람할 수 있는 최초의 수단이다
모험심과 단합심을 키울 수 있다

래프팅은 모험심과 단결력을 키우는 놀이이기도 하지만 환경의 소중함을 일깨우는 산교육이기도 했다.

흔히 래프팅을 여름에만 하는 것으로 알고 있는데 그렇지 않다. 봄에는 신록이, 가을엔 단풍이 멋지다.

▌장 비 >>>

헬멧과 구명조끼를 반드시 착용한다.

물빠짐이 좋은 옷을 입고 바닥이 미끄럽지 않으면서 잘 벗겨지지 않는 신발을 신으면 편하다.

▌장 소 >>>

래프팅은 통상 물가로 6~7km를 여행하고 가격은 2만5천원~3만원 정도다. 물이 많으면 2시간, 물이 적으면 3시간정도 걸린다. 래프팅은 10명 가랑이 한조가 되어 타고 안전요원이 뒷자리에 앉아서 키잡이와 안내자역할을 한다. 안전요운이 다양한 오락도 함께 진행하는데 손님들을 물에 한 번씩 빠뜨려서 호된 경험도 시킨다.

▌유명한 곳 >>>

▶ 한탄강 래프팅 : 우리나라 래프팅의 발상지로 해병대 출신들이 고무보트로 래프팅을 시작했는데 반응이 좋아 사업화되기에 이르렀다. 한탄강에서 가능성을 확인한 이들이 물 맑은 강을 찾아 전국으로 흩어졌다. 한탄강에서 래프팅을 할 수 있는 곳은 직탕폭포에서 군탄교까지 총 17km 구간이다. 하지만 직탕교에서 승일교 까지는 급류가 많아 거의 탈수 없고 주로 승일교나 순담계곡을 출발지로 삼아 군탄교 까지 간다.

▶ 동강 래프팅: 동강은 조양강과 동남천이 만나는 정선군 가수리에서 시작되어 영월읍에서 서강과 만나면서 끝이 난다. 동강 래프팅은 덕천취수장아래부터 시작해서 섭새달리까지 총 25km가 가능하다. 동강 주변은 험하고 길이 없어서 래프팅을 해야만 그 비경을 완벽하게 감상할 수 있다. 래프팅은 진탄나루를 출발하여 섭새다리까지 13km구간에서 이뤄진다. 동강에 가면 래프팅의 폭발적인 인기를 실감할 수 있다 래프팅 업체만 해도 90여개로 전국 래프팅업체의 절반이 이곳에 운집해 있다. 동강래프팅은 한탄강이나 내린천처럼 급류구간이 많지 않다. 진

탄나루에서 출발하면 개죽이여울, 어라연, 된꼬까리여울, 정도가 급할 뿐 다른 곳은 잔잔한 물길이어서 주변 경치를 편안하게 볼 수 있다. 첩첩산이 강을 막고 있어서 도무지 물길이 없어 보이는데 강은 굽이 굽이 제 길을 열어 간다. 여름이면 동강은 찾는 래프팅고객이 많아서 영월군청에서는 1일 이용객을 7천명으로 제한하고 있다 래프팅업체들도 소유하고 있는 보트를 하루에 한 번씩만 띄울 수 있다. 강물오염을 조금이라도 줄이기 위한 대안이다. 그리고 동강을 4구간으로 나누어 순차적로 휴식년제를 실시하고 있다.

▶ 내린천 래프팅: 내린천은 폭이 좁고 돌출된 바위가 많아 물살이 빠르다. 그래서 가장 박진감있게 래프팅할 수 있다. 게다가 물도 맑다. 가족끼리 안전하게 래프팅을 하려면 동강이나 단양 여춘 쪽의 남한강으로 가는 것이 좋고 친구들끼리 짜릿한 모험을 즐기려면 내린천이 좋다. 내린천에서는 원대교 출발지에서 밤골 도착지 구간이 가장 활성화돼 있다. 6.5km구간으로 수량이 풍부할 경우 2시간이면 넉넉하게 내려갈 수 있다 .이 구간에는 조심해야 할 급류가 7군데쯤 있다 구간을 좀더 길게 잡아 하추리에서 출발해 고사리에 도착할 수 도 있다. 더 길게는 북리에서 출발해 고사리까지 갈수도 있다. 이구간은 총18km너 되는데 바삐 노를 저어가면 4시간만에 종착지에 다다를 수 있다. 31번 국도가 내린천을 따라가기 때문에 길가에서도 래프팅 하는 모습을 쉽게 구경할 수 있다.

▶ 오대천 래프팅 : 진부에서 정선에 이르는 33번 지방도와 나란히 흐르는 오대천에서도 래프팅을 한다. 강폭은 넓지 않고 강물도 깊지 않지만 바위가 많고 급류가 많아 박진감 넘치는 구간이다. 화의리의 화의교 아래가 제 1출발지 이고 수항초등학교 백석분교가 있는 곳이 제2 출발지이다. 도착지점은 숙암리 숙암솔밭이다. 화의교에서 숙암 솔밭까지는 10.5km이고 3시간이 소요된다. 래프팅은 5~10월까지 한다.

▶ 단양 영춘 남한강 래프팅 : 충청북도와 강원도 경계지역이니 단양군 영춘면 오사리의 나한강에서 출발하여 용탕 급류, 북벽과 영춘을 거쳐 온달성 아래인 밤수동 까지 이르는 구간에서 래프팅을 한다. 북벽에서

출발하여 밤수동 까지만 타기도 한다. 강폭이 넓고 돌출바위가 드물어 가족끼리 편안하게 래프팅을 즐길 수 있는 곳이다. 밤수동 아래쪽으로 단양 소수력발전소가 있기 때문에 더 내려가서는 안 된다.

- ▶ 산청 경호강 래프팅 : 경호강은 산청군 생초면 어서리 강정에서 산청을 거쳐 진주의 진양호까지 약 32km의 물길을 이른다. 3번 국도가 강을 따라가기 때문에 강 풍경을 잘 살필 수 있다. 강폭이 넓고 바위가 적으며 굽이굽이 에는 모래톱과 잔돌들이 많이 퇴적되어 있어서 안전하게 래프팅을 즐길 수 있다. 많이 이용하는 래프팅 구간은 산청읍 내리 조산공원 앞에서 외송리 (홍화원 휴게소)까지다. 3시간 정도 걸린다.
- ▶ 무주 금강 래프팅 : 전북 무주군 부남면 금강 상류 하굴암에서 용포리까지 7km 구간에서 래프팅을 할 수 있다. 작은 여울이 3개 있어서 편안한 코스다. 작은 동강이라고 할 만큼 주변 경치가 빼어나다 .상류의 용담댐에서 일정하게 물이 흘러내려서 가물어도 래프팅을 할 수 있다.

▌Internet site >>>

- ▶ 청파 카누학교 www.canoeschool.cr.kr
- ▶ 미산 카약클럽 www.freechal.com/kayak999
- ▶ 여울 카약동우회 www.freechal.com/canoe

카약

폭 60cm 깊이 30cm물만 있어도 가므로 강을 탐험하기에 가장 좋은 기구다. 사람의 손길이 닿지 않는 깊은 산중의 좁은 물가에서도 가능하여 자연친화적 종목이다

봄부터 가을 까지 자유롭게 즐길 수 있다. 카약은 4인승까지 있지만 급류타기를 할 땐 주로 1인승을 탄다. 무동력이라 혼자 힘으로 노를 저어야 한다. 강을 훼손하지 않고 탈수 있고 좁고 가파른 강을 따라 깊은 계곡까지 다가갈 수 있어 자연 친화적이다. 카약은 기능에 따라 생김이 다르다. 강에서 여행하기 좋은 카약은 폭이 좁고 길이가 3m가량 된다. 급류타기용은 회전력을 좋게 하기 위해 폭이 넓고 길이는 짧아 2~2.5m 가량된다. 바다에서 타는 카약은 4.5m정도다. 카약은 언뜻 보아 거인의 신발 같은데 앞뒤가 뾰족하고 대칭이다.

노는 어깨보다 약간 넓게 잡고 권투 선수처럼 두 팔을 쭉쭉 뻗으면서 젓는다. 허리에 입는 스프레이 스커트(Spray Skirt)는 배 안으로 넘쳐서 들어오는 물을 막는 역할을 한다.

스커트 둘레에 탄력있는 줄이 있어서 배 입구 둘레의 패인 홈에 끼우게 되어 있다.

카약 안에 들어가려면 평행봉에 매달려 하체를 나란히 들어 올리듯이 하여 두 다리를 끼워 넣는다. 배 안에서는 발끝에 지지 판이 걸리는데 왼손으로 노를 저을 때는 왼발에 힘을 주고 오른 손을 저을 때는 오른 발에 힘을 주어야 한다. 그래야 카약이 힘을 더 받아 앞으로 잘 나간다. 무릎은 약간 구부리는데 무릎으로 배 안의 양옆을 지지한다. 엉덩이는 배에 꽉 끼다시피 해서 처음에는 불편하지만 차츰 시간이 지나면 배와 몸이 일체가 되어 편해진다.

스킨스쿠버

물고기로 다시 태어난 것 같은 자유로움이 있다. 심폐기능이 좋아지고 근력이 강화된다.

과학이나 의학처럼 레저도 전쟁을 거치면서 급성장했다. 전투기의 소재를 사용한 초경량항공기, 함상 포대의 표적물에서 거듭난 스포츠 카이트, 해병대가 타던 고무보트에서 파생된 래프팅, 낙하산이 정교해진 패러글라이딩 표적을 맞추는 클레이사격 등을 꼽을 수 있다. 장비 의존도가 높은 레저일수록 전쟁의 부산물이기 십상이다. 스쿠버다이빙의 처지도 마찬가지다. 초기에는 주로 적진 침투용으로 쓰였다가 잠수 기술이 발달하면서 레저용으로 확산되었다.

스킨스쿠버다이빙은 스킨다이빙과 스쿠버다이빙으로 나뉜다.

스킨다이빙은 오리발, 숨대롱, 물안경과 같은 간단한 장비만 착용하고 맨몸으로 물 밖으로 숨대롱을 내놓고 수면 부근에서 떠다니는 레포츠다. 이를 오리발(Fin) 명칭을 따서 핀수영이라고 부르고 숨대롱(Snorkel)명칭을 따서 스노클링(Snorkleling)이라고도 부른다.

스쿠버다이빙을 하기 위해서는 많은 장비가 필요하다. 시야 확보를 위한 물안경(Mask), 물속에서 고압의 공기를 편하게 마실 수 있게 고안된 호흡기(Regulator), 추진력을 얻기 위해서 신는 오리발인 핀, 체온 유지와 피부보호를 위해서 입는 잠수복, 물속에서 자유롭게 떠 있기 위한 부력조절기, 수심을 측정하기 위한 수심계, 물속에서 방향을 탐비하기 위한 나침반, 공기통 속의 남은 공기량을 측정해주는 잔압계, 비상용 다이빙칼 등이 필요하다. 이렇게 갖춘 장비만도 30Kg이 나간다, 하지만 물속에서는 그 무게를 느끼지 못한다.

스쿠버다이빙은 레포츠 중에서는 드물게, 자격증이 있어야 즐길 수 있다. 바닷가에서 주로 하지만 물 맑은 강에서도 한다. 물속에서 진행되고 장비가 육중하기 때문에 배우기 어려워 보이지만 자전거 배우기보다 쉽다고들 평한다. 물론 스쿠버다이빙을 위해서 수영을 따로 배울 필요는 없다. 오히려 어설피 수영하는 사람보다도 수영을 전혀 하지 못하는 사람이 더 잘하기도 한다.

스쿠버다이빙 기초 강습은 실내 수영장에서 이뤄진다. 보통 5m깊이의 풀을 가지고 있는 곳이라야 한다.

스쿠버다이빙은 물과 친해질 수 있는 가장 효과적인 방법이다. 육중한 장비 때문에 그냥 가라앉아버릴 것 같지만 부력조절기와 잠수조끼가 있기 때문에 오리발로 물을 부드럽게 차면 몸이 수직상태를 유지하게 된다. 물속에서는 호흡기를 문 입으로 공기를 들이 키고 코로 숨을 내쉰다. 코로 숨을 내뿜으면서, 수압 때문에 생긴 귀의 통증을 없앤다. 물속에서 마스크에 서린 김을 제거할 줄 알면 훨씬 더 마음이 느긋해진다. 그리고 마지막으로 부력을 조절하게 되면, 물속에도 자유로운 공간이 있다는 것을 느끼게 되고. 물에 대한 원초적인 두려움도 극복하게 된다.

강습은 서너 명을 한 팀으로 해서 이뤄진다. 4~5일에 걸쳐 20~30시간 교육을 받는데 수강료는 25~30만원 정도다. 업체에 따라 약간씩 차이가 있으며 대체로 자격증을 발급 받을 수 있을 정도의 기초과정을 가르친다. 실내수영장에서 4~5일 교육을 받고 난 뒤에 바다에서 2일 정도 실습한다. 통상 바다 실습 비용은 별도로 내야하고 국내 투어 비용은 당일이 7~10만원, 1박 2일에 15만원 정도다. 좀더 구체적인 비용 내역은 공기탱크 2개와 보트 대여 비를 합해서 1인당 5~6만원이 들고 장비 대여료는 3만원 정도다. 강습은 만 13세 이상이면 받을 수 있다. 자격증이 있어야 다이빙 수영장과 해변리조트에서 스쿠버 장비를 빌릴 수 있다.

소문난 스쿠버다이빙의 명소로 서귀포 앞바다를 꼽을 수 있다. 섭지코지 앞바다와 송악산 앞바다에는 연산호가 깔려 있어서 대단히 멋지다. 동해는 백도대간의 한쪽 사면이 바다로 내달려 웅장한 해저 산맥을 형성하고 있는데, 울진앞바다 23Km떨어진 곳에는 남북으로 10Km가 넘게 펼쳐진 수중암초 왕돌잠이 있다. 이곳은 해산물도 많아 해녀들과 스쿠버다이버들이 자주 찾는다. 서해안은 물이 흐리지만 다양한 생물들을 볼 수 있다. 남해안은 동해와 서해의 특징을 함께 지니고 있는 곳이다.

스쿠버다이빙은 다양한 방식으로 즐길 수 있다. 가라앉은 배를 찾아다니는 난파선 다이빙, 물밑 동굴을 찾아다니는 동굴 다이빙, 어둠 속에서 하는 야간다이빙, 30m이상의 심해다이빙, 수색과 인양을 위한 다이빙, 겨울 얼음장 밑으로 들어가는 아이스 다이빙, 해저탐사 다이빙 등이 있다.

▌장 비 >>>

스쿠버다이빙을 배우기 전에 혹은 배우고 나서 곧바로 장비를 구입하는 것은 권하지 않는다. 처음에는 장비를 대여해서 사용하고 차츰 자신감과 흥미를 갖게 되면 장비를 구입하도록 한다. 장비 일체를 구입하는 데 200~300만원이 든다.

▌장 소 >>>

전국적으로 400여 군데의 강습 전문점이 있다. 그중에서 자체 풀장이나 강습장을 가지고 있거나 대한수중협회와 국민 생활 전국 스킨수쿠버연합회에서 추천한 곳을 소개한다. 수영장의 수질 관리와 공기통 관리가 잘 되어 있으며 주변 시설이 좋고 안정된 강사를 확보하고 있는지가 선정기준이다.

▌Internet site >>>

- ▶ 대한수중협회(KUA) www.kua.or.kr
- ▶ 한국잠수협회(KUDA) www.kuda.or.kr
- ▶ 국민생활체육 전국스킨스쿠버 연합회(KSDF) www.scubakorea.or.kr
- ▶ 세계스킨스쿠버연맹(SI) www.skin-scuba.com
- ▶ 한국의 스킨스쿠버 www.cmaskorea.co.kr
- ▶ 씨마스코리아 www.smaskorea.co.kr
- ▶ 다이브웹 www.diveweb.co.kr

▌스쿠버다이빙의 안전도

물에서 즐긴다는 특수 환경 때문에 스쿠버다이빙은 특별히 훈련받은 제한된 사람들만 즐기는 것으로 알고 있는 사람이 많다. 그러나 성인 남녀라면 3일정도 교육만 받으면 바다로 나갈 수 있다. 제주도나 바닷가 현지에서는 초보자라도 한나절교육한 후 수중 체험을 할 수 있는 곳도 있다. 항상 두 명씩 짝을 지어서 잠수하고 여럿이서 무리지어 다이빙을 하기 때문에 여간해서는 사고가 나지 않는다. 장비의존도가 크긴 하지만 장비로 인한 사고는 거의 없고 자신의 능력껏 즐기는 레저라 상당히 안전하다.

준비운동을 반드시 해야하고 술을 마시고 다이빙해서는 안된다. 파도가 많이 칠 때는 물에 들어가지 말아야한다. 폐결핵, 심장 진환, 고혈압, 저혈압, 간질병, 천식, 축농증, 중이염, 당뇨병이 있는 사람은 하지 말아야한다. 밀실공포증이 있거나 정신질환이 있는 사람도 하지 말아야한다. 그러나 질병이 없는 신체장애자들은 일정교육을 받으면 잠수할 수 있다, 건강효과로는 수영처럼 심폐기능이 좋아지고 근력이 강화된다.

요트

해양 레포츠의 꽃, 요트
엔진의 도움 없이도 바람을 거슬러 올라가는 배다.
두렵기만 바다를 경주장으로 만든 기구다.

요트를 배우러 부산 수영만 요트 경기장을 찾아갔다. 요트는 한문으로 범선(帆船)이고 우리말로 돛단배로 노가 없는 배를 의미한다. 파도 치고 바람 부는 바다에서 노는 아무런도움도 못 된다. 바람이 가장 중요하다. 그바람을 이용해서 움직이는게 요트다. 일반 배오하 다른 것은 엔진 없이도 바람을 거슬러 올라간다는 점이다. 바로 이 부분에서 역학(力學)과 기술격이 필요하다.

요트는 영국에서 가장 먼저 활성화되었다. 17세기에 영국 왕실 전용선이 있었고, 1747년에는 처음으로 요트 경기 규칙이 생겼으며, 1775년에 시민들이 관람하는 대규모 요트경기가 벌어졌다. 영국은 여기에서 해상 왕국으로 도약할 수 있는 힘을 길렀고 결국 강력한 선박 기술로 바다를 장악하면서 세계 식민 경영에 나설 수 있었다.

이러한 요트의 위력이 지금이라고 사라진 것은 아니다. 1851년에 시작된 국가대항전 아메리카즈 컵(America's Cup)대회가 4년 간격으로 개최되고 있는데 이 대회에서 이기는 팀은 부와 명성을 함께 얻는다. 대회에 참가하는 요트는 반드시 제 나라에서 설계해서 제 나라에서 만든 것이라야 한다. 여기에서 승리하는 요트 팀은 최고의 광고모델이 되고 그 요트를 제작한 섬유, 합성수지, 엔진, 스포츠장비 회사는 세계 시장을 주도하게 된다. 이제 요트는 무력의 상징에서 무역의 상징으로 바뀐 것이다.

그런데 우리에게 요트는 무엇인가. 마포나루 범선의 뱃사공은 천민이었고 물은 물귀신이사는 두려움의 대상이었따. 해상왕 장보고가 있었지만 역적으로 몰려 암살된 뒤로 잊혀지고 이순신의 거북선이 있다지만 한줄기 섬광으로 그치고 말았다. 우리는 삼면이 바다이지만 바다를 마당으로 삼아본 적이 없고 늘 울타리로만 여겼다. 울타리는 바깥에서 불어오는 바람이나 침입자에게 무너지게 되어 있다. 우리의 바다는 화의 근원이었고 공포의 대상이었다. 그러다보니 해양문화는 취약하기 이를 데 없다. 지금도 마찬가지다. 도처에서 바다 축제가 열리지만 바닷가 축제로끝나고 만다. 세계 최고의 조선(造船)국가이지만 요트 한 척 제대로 만들어내지 못한다.

요트는 크게 모터요트와 세일링요트로 구분된다.

엔진을 장착하고 있는 모터요트(Morter Yacht)는 모터크루저와 모터보트로 나뉜다. 우리가 물가에서 흔히 장거리 이동을 할 수 이TSms 선실(船室)을 갖추고 있고 보트(Boat)는 선실이 없다.

세일링요트(Sailing Yacht)는 크게 세일링보트와 세일링크루저로 나뉜다. 세일링보트는 다시 세계 대회에 출전용인 킬보트(Keel boat)와 일반 소형 요트인 딩기(Dinghy)로 나뉜다. 레포츠용 일반 요트는 대체로 딩기를 칭한다.

내가 부산 요트학교에서 탄것도 딩기였다. 부산요트학교는 초급과정이 4일동안 이루어진다. 첫 날은 요트의 역사와 이론 강의를 듣고 지상에서 가상훈련을 2시간동안 했다. 가상 훈련은 돛대를 세운 요트를 360도회전이 가능한 설치물에 올려놓고 한다. 한 손에 돛대를 움직이는 줄을 잡고 다른 한손엔 키손잡이를 잡고 나아가고자 하는 방향에 따라 돛과 키를 움직인다.

이튿날부터는 바다 위에서 요트를 직접 다루면서 실습 위주로 교육이 이뤄졌다. 복장은 방수복을 입으면 좋지만 그렇지 못할 경우에는 간단한 반바지 차림에 구명조끼를 입으면 된다. 신발은 바닥이 미끄럽지 않고 물 빠짐이 좋은 것을 신는다.

작은 요트인 딩기는 수상 계류장(繫留場: 선박 따위를 대고 매어 놓는 곳)이 아니라 육상에 서 보관한다. 운반할 때는 두 바퀴가 달린 수레를 사용한다. 딩기를 바다에 띄우기 전에 돛대를 직접 세우고 돛을 달아야 한다. 이때 돛대와 돛을 연결시키는 줄이 풀리지 않도록 매듭을 잘 지어야 한다. 요트를 물 위에 띄운 뒤에는 꽁무니에 키를 끼우고 배 중앙에 센터보드(Center Board)를 꽂는다. 센터보드는 다른 배에서는 볼 수 없는 요트만의 특별한 장치다. 배한 가운데 홈이 파져 있는데 그 홈에 스케이트보드의 발판쯤 되는 보드를 끼우게 되어 있다. 조금 규모 큰 요트들은 센터보드의 무게가 1톤이 넘는다. 센터보드는 요트가 바람을 거슬러 올라갈 때 배가 옆으로 밀리지 않도록 균형을 잡아주는 역할을 한다. 거친 바람이나 풍랑에서도 요트가 좀처럼 뒤집어지지 않는 것도 센터보드 덕분이다.

초보자들은 우선 자이빙과 태킹, 두 가지 기술을 익혀야 한다.

자이빙(Gybing)은 배가 뒷 바람을 받고 달릴 때 방향을 전환하는 요령이다. 조종자가 키 손잡이(Tiller: 틸러)를 잡아당기고 돛 하단의 쇠로 된 봉(Boom: 붐)에 연결된 줄(Sheet: 시트)을 잡아당긴다. 그와 동시에 조종자는 고개를 숙여 돛 하단의 봉을 피하면서 한쪽 모서리에서 다른 쪽 모서리로 옮겨 앉는다. 그러면 배는 방향을 전환하게 된다.

테킹(Tacking)은 바람을 거슬러 올라가는 기술이다. 요트는 바람이 불어오면 정면으로 올라갈 수가 없다. 정면의 좌우 25도씩 총 90도 안쪽으로는 전진할 수 없다. 그래서 맞바람이 불면 45도로 비스듬히, 마치 지그재그로 가는 것처럼 방향을 틀면서 전진해야한다. 키손잡이를 밀고 돛에 연결된 줄을 잡아당기면서 조정자가 돛 하단의 붐 밑으로 고개를 숙여 한 쪽 모서리에서 다른 쪽 모서리로 자리를 바꿔 앉으면 된다.

태킹과 자이빙 기술만 잘 구사하면 요트에 대한자신감이 생긴다. 그러나 하루 연습 가지고는 어림도 없고 초급과정(실슬3일)을 마쳐야 두 가지 기

술을 체득 할 수 있다,

나의 첫 날 훈련은 도무지 바람의 방향을 읽을 수가 없어서 혼돈 그 자체였다. 키손잡이를 움직여 방향을 잡아보지만 배가 좌우로 약간씩 틀어지기만 할 뿐이었다. 거의 나룻배를 탄 거나 마찬가지인데 노도 없으니 답답할 노릇이었다. 지나가는 배와 텅텅 부딪치면서 요트의 감만을 익혀야 했다. 그런데도 제법 흥미로웠다.

해안에서 이뤄지는 초급자 교육은 힘이 많이 들지 않는다. 돛을 조정하는 손잡이 줄을 느슨하게 하면 뱃놀이나 다름없게 된다. 그러나 먼 바다로 나가면 상황이 달라진다, 돛에 들이치는 바람을 온몸으로 버티며 방향 전환을 해야 하니 체력과 지구력이 제법 필요하게 된다.

요트는 바다와 일체화될 수 있는 매력적인 레포츠다. 게다가 구명조끼만 입으면 이렇다할 안전사고도 없으니 두려워할 것도 없다. 사나흘 휴가를 내서 물 좋은 부산이나 여수로 요트 강습을 떠나보자. 그 넓은 바다가 운동장으로 변할 것이다.

▌대형범선체험 여행

전남 여수에 있는 코리아요트스쿨은 대형 범선을 체험해 볼 수 있는 회사다. 돛을 11개까지 달 수 있는 100인승 범선을 운영하고 있다. 7박8일 일본 일본여행, 3박4일 제주여행행사를 진행하고 근거리 연안은 하루 코스로도 운영한다. 단체로 신청할 경우에 직접 돛을 올리고 돛을 조정할 수 있다. 주말에 100명 정도가 범선을 빌려 타는데 150~200만원이 든다.

☎ 061-684-2580, 011-623-1010

www.yachtschool.co.kr

▌장 소 >>>

요트스쿨이 가장 활성화되어 있는 곳은 부산 수영만의 부산요트클럽과 여수의 전남요트클럽, 한강의 서울요트클럽이다. 그곳에서 진행하는 요트스쿨에 등록하면 요트를 배울 수 있다. 1대1개인지도도 받을 수 있다. 4일정도의 초급반을 마치고나면 요트협회로부터 요트클럽을 소개받아서 요트를 즐길 수 있다.

▶ 서울요트협회

한강 성산대교 아래쪽의 양화지구에 계류장이 있다. 하루 4시간씩 4일 동안 초보자 강습을 하는데 15만원을 받는다. 초등학교 4학년 이상이면 배울수 있고 초보자 강습을 받은 후에는 동호회에 가입하여 일정 회비를 내고 요트를 즐기면 된다.

☎ 02-2636-8260

▶ 부산요트협회

한국 요트의 메카다. 4~11월까지, 주중에 4일동안, 주말은 2주에 걸쳐서 4일동안 요트 학교를 운영한다. 9~60세까지 누구나 배울수 있다. 요트협회에서는 요트의 대중화 차원에서 4일 교육에 5만원을 받고 운영하고 있다.

☎ 051-747-1768 / www.busanyacht.co.kr

▶ 부산자이언트요트클럽

부산 수영만 요트 계류장을 이용하고 있는 동호회다. 현재 회원은 18명이고 크로저급 요트를 5척 보유하고 있다. 매주 토요일 오후 3시, 일요일 오전 11시에 요트를 탄다. 입회비 100만원, 연회비100만원인데, 초보자라도 회원가입이 가능하다.

☎ 011-9513-2820 / 016-584-9354

www.giantychtclub.com

▶ 전남요트협회

전남 여수시 소호동 요트경기장에 위치하고 있다. 10명 이상 단위로 요트 스쿨을 운영하고 1대1개인 지도도 한다.

☎ 061-683-4511 / 011-623-1010

▶ 전북요트협회

전라북도에서는 2003년 가을 전국체전을 대비해서 변산반도 격포해수욕장에 요트경기장을 만들고 있다. 향후 서해안 요트 시대를 주도할 곳이다.

☎ 063-211-4222 / 018-608-9999

▶ 충무마리나리조트

리조트에서 체험 요트를 운영하고 있다. 크루저급으로 세일요트를 하는데 바람에 따라 비진도 앞 바다까지 다녀온다. 한척에 6~7명이 탈 수 있고, 주말에 3시간 타는데 한척당 27만원이 든다.

☎ 055-641-0693

▶ 거제요트-윈드서핑협회

거제도 사곡요트장

☎ 051-571-5866

▶ 송도요트클럽

부산 송도해수욕장

☎ 051-247-8586

Iternet Site>>>

▶ 대한요트협회(KYA) www.ksaf.org

▶ 부산요트협회 www.busanyacht.co.kr

▶ 한국옵티미스트협회(KQDA) www.koreaop.org

▶ 한국J24클래스협회 http://koreanj24.org